대한민국
담 론 전 쟁 2025

대한민국 담론전쟁 2025

김종태 지음

2025년 12월 20일 초판 1쇄 발행

펴낸이 박영미
펴낸곳 김박사 잡담연구소
출판신고 2025년 10월 27일 제2025-000074호
주소 (03301) 서울시 은평구 진관3로 77 상가 102호
유튜브 @김박사잡담연구소
틱톡 @joakim1350
전자우편 joakim1350@naver.com

ISBN 979-11-995933-0-5

책값은 뒤표지에 있습니다.
잘못 만들어진 책은 구입한 곳에서 교환해 드립니다.

대한민국
담론전쟁 2025

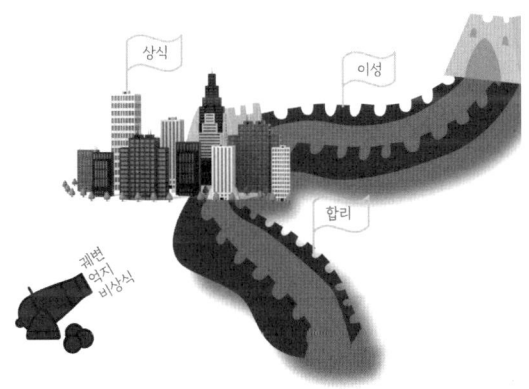

상식적인 정치,
상식적인 사회,
상식적인 나라를 위하여

책머리에

대한민국 경제와 문화가 세계를 주도하고 있습니다. 세계인들이 삼성 휴대전화를 쓰고 현대·기아 자동차를 타며, 케이 영화와 케이 팝에 열광합니다. 단군 이래 '최대 국력', '최고 국격'의 시대라 할 만합니다.

그런데 정치는 대한민국의 '국격'에 어울리지 않을 때가 많습니다. 예컨대 지난해 난데없는 12.3 비상계엄은 전 세계를 '경악'시켰습니다. "코리아에서 계엄…?" 문화적 창의성·역동성과 성숙한 시민의식, 안전한 사회로 부러움을 사던 대한민국의 이미지를 한 순간에 정치 대립과 불안정이 심한 나라로 추락시켰습니다. 정치가 '국격'을 오히려 끌어내린 단적인 사례입니다.

내부적으로, 우리 정치는 국민 통합과 국가 방향 제시 기능을 제대로 하지 못할 때가 많습니다. 특히 계엄으로 촉발된 극한 정치 대립은 오히려 우리 '공동체'를 위협하고 '정체성'을 흔들고 있습니다. 정치가 '공동체와 정체성의 위기'를 극복하는 것이 아니라, 이를 오히려 부추깁니다. 정치가 시민의식을 고양하고 민주주의를 제고하는 것이 아니라, 오히려 이를 방해합니다.

정치의 후퇴, 극한 대립, 그리고 공동체의 위기…. 필자는 '담론의 약함'에 주목합니다. '담론'은 "말하는 자의 세계관이 언어 형태로 표출된 것"입니다. 즉, "세계관이 담긴 조직적인 언어표현"이라 이해할 수 있습니다. 담론은 가치관과 세계관을 반영하기 때문에 '성숙한 정치·사회'를 만들려면 '성숙한 담론'이 필수적입니다.

그러나 우리 사회엔 "내 편은 무조건 옳고

다른 편은 틀리다"식의 '진영(陣營) 담론과 논리'가 판치고 있습니다. 마치 『삼국지』 명장들의 군사적 진영 대결을 방불케 합니다.

담론이 '소통'이나 '설득'의 목적이 아니라, '대립'과 '공격' 목적으로 생산될 때가 많습니다. 그러다 보니, 사실관계에 바탕을 둔 합리적·논리적 담론보다 '상대방 죽이기'에 유용한 '사이비 담론'들이 더 각광받기도 합니다. 이런 담론 상황에서 성숙한 정치, 건강한 공동체를 기대하기 어렵습니다.

우리 사회 담론 상황의 문제점을 크게 세 가지로 나눠 보겠습니다.

첫째, 이념 과잉입니다.

보수, 진보, 좌파, 우파, 극우, 빨갱이…. 과거 냉전시대 이념 용어들이 2025년 대한민국의 정치·사회 담론에 너무 자주 등장합니다.

냉전의 '이념'들은 다른 이념을 허용치 않는 '배타성'을 띱니다. 20세기 미국과 소련을 중심으로 동·서 대립을 유도한 자본주의·공산주의 이념들이 21세기 대한민국에서 아직도 유용한 정치적 구호가 됩니다. 이를 통해 사람을 나누고, 편을 가릅니다. 시대는 이미 탈냉전 시대를 훌쩍 넘어 다변화·다극화 흐름을 보이는데, 우리 사회의 인식 틀은 여전히 수십 년 전 냉전시대에 머물러 있을 때가 많습니다.

둘째, 개념의 모호성입니다.

'철 지난' 냉전 용어들이 정치·사회 담론에 자주 나타나는데, 정작 이들 용어에 대한 대중적 합의조차 제대로 돼있지 않습니다. 용어 사용이 자의적·편의적이며, 그러다 보니 담론의 근거와 바탕이 약합니다. 예컨대 '국민의 힘'을 흔히 '보수'라 하지만, 과연 이 당을 '보수'라 할 수 있는지, '진짜 보수'는 어떤 모습이이야 하는지 등에 대한 진지한 성찰이 없습니다. 또 우리 사회에서 '친일 세력'을 '극우'라 부를 때가 많습니다. 그러나 한 나라의 '극우'는 일반적으로 '자국에 대한 우월의식과 타국에 대한 배타성'이 특징입니다. 이렇게 보면, 우리 사회는 '극우'라는 용어를 정반대의 의미로 사용하고 있는 셈입니다. 이런 '바탕 없는' 담론 상황에서, 정치적 이해관계에 따라 아무한테나 '좌파', '극우', '간첩' 등 '딱지 붙이기'가 성행합니다.

셋째, 앞서 지적했듯 '진영 논리'가 판칩니다.

유통되는 주장이나 담론들의 '타당성'과 '논리성'에 대한 검증이 빈약할 뿐 아니라, 이에 대한 관심조차 없는 듯합니다. 대신 '상대 진영'을 무너뜨리려는 목적을 가진 주장과 담론들이 난무합니다. '타당성'과 '진실성'이 있는 말을 믿기보다, '내 편'으로 여겨지는 사람이나 집단의 말을 믿습니다. '상대편

죽이기'에 도움 된다면, 아무리 허무맹랑한 억지 주장이나 가짜뉴스도 그대로 믿으려 합니다. 이런 담론 상황에서, '선동'의 정치세력이 각광받고 '상대방과 얼마나 잘 싸우느냐'가 인기의 기준이 됩니다. 극단의 저질 정치세력들이 서식하기에 매우 좋은 담론 환경입니다.

'진영 대결'은 상식의 파괴를 낳습니다. 무엇이 '상식'이고 '비상식'인지, 무엇이 '정상'이고 '비정상'인지 애매한 상태가 됩니다. '상식' 여부보다 "내 편인지, 저쪽 편인지"를 따집니다. '상식'과 거리가 먼 주장들이 오히려 정치적 지지율을 올리는 수단이 됩니다. 내란 국면에서 윤석열을 옹호한 이른바 '지식 엘리트'들이 내놓은 '궤변'들은 우리 사회 '상식 붕괴'가 어느 정도인지 적나라하게 보여줬습니다.

이 책은 이런 문제의식에서 시작됐습니다.

대한민국의 정치가 더욱 성숙하고, 민주주의가
더 튼튼하고, 공동체가 더욱 건강하려면,
'상식'의 기반이 굳건해야 합니다. 그러려면
담론 상황이 바뀌어야 합니다.

이 책은 정치·사회적 주장들의 극한 대립을
'담론 전쟁'에 비유합니다. 난무하는 담론
공격과 방어…. 이 어지러운 '담론의
전쟁터'에서 눈을 크게 뜨고 '상식'의 잣대로
상황을 관찰·해석하고자 합니다. 이를 통해
어떤 담론이 '더 상식적'인지, 어떤 세력이 '더
합리적'인지 판단하려 합니다.

'담론 전쟁'의 승자는 물론 상식의 담론,
상식의 세력이어야 합니다. 따라서 이 책은
모호한 '기계적 중립'의 태도를 버리고,
'상식'의 편에 서기를 자처합니다. 이를 통해
'상식'의 담론에 힘을 싣고, '비상식' 담론을
'주변화'하는 데 기여하고자 합니다.

12.3 계엄은 필자가 '담론 전쟁'에 본격적으로 뛰어드는 계기가 됐습니다. 계엄은 우리 사회에 잠재돼 있던 정치·사회 대립을 표면 위로 분출시킨 결정적 사건이었습니다. 올 한 해 동안 우리는 계엄 사태의 해석과 단죄를 두고 정치 진영 간, 담론 간 극심한 갈등을 겪었습니다. 이 과정에서 무엇이 '상식'이고 '정상'인지, 무엇이 '비상식'이고 '비정상'인지 판별하는 능력을 마치 상실한 듯한 모습도 나타났습니다.

필자는 계엄 이후 그날그날 중요한 의미가 담긴 정치·사회 뉴스와 현상들에 대한 생각들을 메모 또는 일기 형식으로 기록해 왔습니다. 아울러 이를 〈김박사 잡담연구소〉 인터넷 채널들에 올려 시민들과 소통하고 있습니다. 이 책은 이 글들 중 기록적 가치가 있는 것들을 추려내어 꼼꼼한 보완 작업을 거쳐 엮은 최종 결과물입니다.

본문의 각 글은 2024년 12월 3일 ~ 2025년 11월 30일 매일의 주요 정치·사회 현안들에 대한 '촌평'(寸評)의 형식입니다. 최대한 간결하게 현안을 전달하기 위해 글을 다듬는 과정에서, 정직한 글은 굳이 길 필요가 없다는 점을 느낍니다.

각 글은 복잡해 보이는 정치·사회적 현상들의 '핵심'을 짚어 단순하게 표현한 것입니다. 글은 짧지만, 그 안에 녹아 있는 생각은 결코 짧지 않습니다. 우리 사회가 꼭 되짚어 봤으면 하는 중요한 메시지를 담은 글들입니다. 메시지의 효과적 전달과 '읽는 재미'를 위해 맞춤법에는 다소 어긋나는 구어체 표현과 직설적 표현도 과감히 썼습니다. 마치 단편 시(詩)나 짧은 메모를 읽듯 부담 없이 글들을 읽어가다 보면, 정치·사회 담론에 숨겨진 의미와 맥락들을 통찰할 수 있을 것입니다.

졸고들을 모아 단행본 출판까지 하게 된 것은

〈김박사 잡담연구소〉의 시청자와 구독자들의 호응과 응원 덕분입니다. 채널에 올린 글들이 공감 받았을 때 매우 큰 보람과 감동을 느낍니다. 글들을 통해 다양한 배경의 여러 분들과 소통하면서 제 스스로도 많은 것들을 배우고 있습니다.

이 책은 사회학적 가치와 관찰을 배경으로 한 정치·사회비평서입니다. 담론 유통이 주로 방송·신문 등 매체를 통해 이뤄지다 보니, '매체 비평' 성격도 띠고 있습니다. 이 책은 우리 사회에 유통되는 다양한 정치·사회 담론에 대한 '상식적' 판단력과 안목을 키우고자 하는 분들을 위한 것입니다. 이념과 진영 논리를 떠나 '지극히 상식적인 민주 시민'을 지향하는 학생·직장인·주부·사업자 등 모든 분들께 이 책을 권합니다. 2025년 한 해 일어난 주요 정치·사회 현상들에 대한 정리와 회고, 이 한 권으로 할 수 있다고 자부합니다. 계엄 사태의 진압과 저항이라는 초유의 국면으로 특징지어지는 2025년을 되돌아보며, 대한민국 정치·사회를 해석·평가하는 안목과 통찰력을 기르는 데 이 책이 큰 도움이 될 것입니다.

책이 나오기까지 많은 분들의 도움을 받았습니다. 우선 〈김박사 잡담연구소〉 인터넷채널에서 소통해 주신 구독자와 시청자들께 감사드립니다. 글들을 예쁜 책으로 엮어주신 출판·인쇄 관계자들께 감사드립니다. 마지막으로, 연구소 채널의 열성 구독자이신 부모님, 막 사회생활에 힘찬 첫 발을 내딛으며 '조용한 효도'를 하고 있는 아들, 그리고 부족한 남편을 항상 응원해 주는 아내에게 감사의 말을 전합니다.

2025년 12월 1일
'케데헌 성지' 낙산 자락에서

김종태

차례

책머리에..7

2024년 12월 3일~1월...................................27

윤석열 긴급 담화문 / 논리 비약과 피해망상 / 50년 전 배경 영화? / 계엄사령부 포고령 / 긴박한 국회 / 국회 계엄해제 요구 결의안 통과 / 선포 6시간여 만에 '해제' / 윤석열 계엄해제 담화문 / '탄핵' 반대 세력들 / 탄핵소추안 발의 및 1차 표결 / 국힘당 표결 불참 / 그날 본회의장 떠난 105인 / 2차 탄핵소추안 발의 및 표결 / 탄핵소추안 국회통과, 직무정지! / 헌법재판관 3인 임명 '난항' / 윤 씨의 '저항'과 '선동' / 한덕수 권한대행의 '비협조' / 윤 씨의 수사 불응 / 〈조선일보〉 '양비론' / 내란은 여전히 진행 중 / 한덕수의 책임 회피 / 한덕수 탄핵소추안 국회통과 / "총 쏴서라도 들어가라" / 윤 씨 체포영장 청구 / "탄핵하라" 70% / 헌법재판관 2인 임명 / 윤 씨 체포 실패 / 윤 씨, 법이 우습나? / 국힘당, 윤 씨 관저 집결 / 2차 체포시도와 충돌 우려 / '조중동' 아니라 '조선' / 경호처에 '무기 사용' 지시 / 2차 체포 '초점 흐리기' / 윤 씨 결국 체포 / 윤 씨 구속영장 발부 / 서울서부지법 피습 / 윤 씨, 탄핵심판 '농락' / 검찰, 윤 씨 구속기소 / '조중동' 아니라 '조선'(2)

2월, 3월 **75**

헌재 권위 흔드는 국힘당 / "민주당은 중도 보수" / '망상'의 최후진술 / 마은혁 불임명, 위헌 결정 / 반공 망상증 / 윤 씨 지지자가 '극우?' / "진짜 돌아이네…." / '자유'라는 이름의 '반공' / 대한민국 '이념 과잉' / '이념 과잉' 빠지지 않는 법 / '독도'와 '극우' / '선진국'과 '엑스레이' / 삼일절 106돌 / '극우'와 '돌아이' / '내란'과 '양비론' / 이번엔 '중국 속국?' / 목사들의 윤 씨 지지 / 민주주의와 '중우 정치' / 수유동 4.19공원에서 / 법원, 윤 씨 구속취소 결정 / 검찰의 항고 포기 / 윤 씨에만 적용된 법원 계산법 / '줄 탄핵'이 내란? / 김상욱 의원 따돌림 / 이재명은 안 됩니다? / 김문수와 '국가적 문제' / 주말 '딴 세상' 풍경 / 국힘당의 '이재명 탓' / 대통령 권력 축소 필요성 / 가·피해자 구분 못하는 언론 / 서울 집값과 오세훈 / 홍준표 '정치꾼?' / 탄핵 기각은 쉽지 않다 / 헌재의 '상식' 증거 / 좋은 봄날, 나라가 '답답' / 한덕수 탄핵 기각과 정계선 재판관 / 복귀하는 한 총리 '의무' / 한덕수 총리 복귀 일성 / 헌재 '전원일치' 아닐 가능성? / 일본 역사왜곡과 우리 '극우' / '중립'과 '상식' 차이 / '쇼'가 아닌 것? / 이재명 2심 무죄 / '정치 검찰'과 이재명 무죄 / 봄비 / 윤 씨 복귀보다 끔찍한 것 / 그리운 2017년 대한민국

4월, 5월 **125**

1960년과 2025년의 '4.18' / 헌재, 4월 4일 선고 발표 / 내란 시국 경상도 분위기 / 국힘당의 '맹목적 지지자' / 4.2 재·보궐 선거의 '심판' / 예상대로 8:0 / '기본'을 흔드는 '궤변들' /

'상식'이 '이념'보다 우위 / '파면' 이후 먼 길 / 윤씨의
"위대한 역사" / 국힘당 해산 절차 / 한덕수의 '무리수' /
전광훈과 국힘당 / 이발소에 갔더니 / 대한민국 임시정부
수립일 / 국민과 싸우는 윤 씨 / 역사기관 '알 박기' /
이문열의 '몰락' / 일제강점기 국적이 일본? / "입만 터는
문과?" / 박정희 '발꿈치' 못 쫓아갈 국힘당 / 헌재 "차기
대통령이 재판관 임명" / '상식', 그리고 '보수'와 '진보' /
대구 서문시장이 '보수?' / 대한민국 군사력 세계 5위 /
프란치스코 교황의 유산 / YTN 민영화 갈등 / 신속 재판과
재구속 촉구 / 국힘당 대선후보 경선 / 신천지와 국힘당 /
국힘당은 '대구경북 당' / 김문수가 후보 2강? / '친윤' 대 '반
친윤' / 이재명 유죄취지 파기환송 / 이재명 후보 자격 박탈
우려 / 김문수, 대선후보 경선 승리 / 이번 대선은 한일전? /
파기환송심 대선 뒤로 / '도토리 키 재기'와 정치 발전 /
김상욱 국힘당 탈당 / 대통령과 동네 이장 / 국힘당 후보
교체? / 국힘당이 "간첩?" / '극단'을 경계함 / 김문수
"서영교 덕분" / '보수'와 '보사'의 구분 / 대구경북 'DG?' /
경상도의 '전라도 탓' / 5.18 주역 영입 논란 / 김문수
'돌아이?' / 조선일보가 웬일? / '대구경북' 대 '대한민국' /
'텃밭'과 '죽비'의 차이 / 이재명 개헌안 요약 / 5.18, 45돌 /
"앞서서 나가니 산자여 따르라~" / 대선후보 1차 토론회 / 윤
씨와 '광신도' / 내린 재판부 문제 / '움살동 의혹'에 '파이팅?'
/ '전라도'와 싸우는 '경상도' / 경상도의 '향수' / 대한민국
무역 상대국 순위 / 김문수, 대통령 감 아닌 이유 / 육사 폐교
문제 / '보수' 민주당 / 대선후보 3차 토론회 / '내란'
침묵하던 '법조 어르신들' / 대선 전 최종 여론조사 /
박근혜의 시장 방문 / 대선 사전투표 마치고 / 김문수

지지세력 / 사전투표 '부정' 믿는 사람들

6월, 7월..201

이승만 박정희 교육 / 김문수 당선 믿는 사람들 / 6.3 방송3사 출구조사 결과 / 이재명 당선! / 김문수의 41.2% / 대구, 김문수에 '몰표' / 김문수 찍은 이유 '청렴?' / '반국가세력' 대신 '평화' / '코리아 패싱' 레퍼토리 / 이재명-트럼프 통화 / 검사 출신과 정치 발전 / 41.2%의 '충격' / '반공'과 '극우' 차이 / OX 문제 / '미국 심기' 살피는 세력 / 이승만 박정희 미화? / 모든 '유권자'가 '민주 시민'은 아니다 / 민주당, 스스로 잘하길 / 'TV조선'과 '밥 맛' / 서울역~평양~모스크바 철도여행 / 'TV조선'의 '죄' / '찐 보수' 감별법? / 압구정동의 국힘당 지지 / 대통령 G7회의 출국 / 미 워싱턴의 군사 퍼레이드 / "도로 경북당" / '조선일보' 끊기 / 이재명-이시바 회담 / '백골단' 세력들 / 신천지 불법 여부 / 특검, 추가기소 / '김민석 의혹'의 '본질' / 미국, 이란 핵시설 '타격' / 공안검사 3대 / 김민석의 '정치' / 북 핵개발 '팩트 체크' / 국힘당이 '안보' 위해 하는 일? / 나토 안가면 큰 일? / "독립군이 국군 뿌리" / 김민석 국회 인사청문회 후기 / '6.25 내전' 75돌 / 언론의 '본질 흐리기' / '기레기' 소리 나오는 이유 / 윤씨의 '고집?' / 국힘당, 정치 왜 하나요? / 한반도의 '대표 코리아' / 부동산과 '기레기' / 한일회담 중단과 '뉴라이트' / '조폭'보다 무서운 '언론?' / 국힘당이 지지자만 보면? / 미 필라델피아 '좀비 랜드' / '조선일보'에 '공감' / 부산시민 '부글부글' / 윤 씨의 '평양 무인기' 작전 / "대화 단절은 바보짓" / "도로 영남·친윤" / '언더 친윤' / 이른 폭염

/ 윤 씨 재구속이 '무리수?' / 트럼프, 방위비 100억 달러? / '보수' 사칭 '박정희 팔이' / 종교의 가치 / 윤 씨 재구속 / 자랑스러운 민주 시민들 / 부동산으로 '한탕?' / '똘똘한' 집, '비실비실한' 집? / 국힘당과 '전시작전권' / 국힘당은 누구 편? / 전시작전권 문제 / 미국의 분단 책임 / 대국민 협박 안보 / 또 "한미일 균열" 운운 / "북한은 주적 아니다" / 국가보훈부 장관 후보자 인사청문회 / 부정선거 음모론 / 민주당 독주체제 불가피 / 77돌 제헌절 / 일본 참의원 선거 / 통일교 300만 표? / 국힘당의 '표 계산' / 신세계 회장 또 "멸공" / 김문수의 '리박 팔이' / 북한은 공산주의 아니다? / 조용히 사세요 / "왜 아멘 안 하지?" / 이승만 박정희 평가 문제 / 건강한 보수란? / 통일교의 국힘당 입당 / 국회의장 경호대장 증언 / 국힘당 45명 '내란방패' / 남북한 '격투기 링' 설치 / '통 큰 결단' 바랍니다 / 장동혁의 '착각' / 신임 장관의 군 골프 해제 / 윤 씨, '10만원 손해배상' 항소 / 35%의 '사리판단' 능력 / 대미 관세 낮추는 '값'

8월, 9월 301

캐나다 파이팅! / 윤 씨 속옷 저항 / '노란봉투법' 두 사설 / 정청래 민주당 대표 선출 / '광우병 괴담'의 진실 / 관세 깡패 / 내일이 '말복' / 80년 선 일본 '피폭' / '카미카제'와 일본 역사관 / '카미카제' 기록의 해석 문제 / 북한은 "가부장제 국가" / "생각이 짧다는 것" / 윤 씨 부부 구속과 검찰 / '불신' 1위 언론의 '영향력' / 정당 보조금 / 안중근의 '선견지명' / '반쪽' 아닌 '3분의 2쪽' / 광복 80돌 / "광복, 연합국 승리 선물?" / '역사의 저편' 세력들 / 노태우 장남의

'상식' / 안중근과 '뉴라이트' / "부정선거" 주장해야 지지? / "배신 안했다면 무한한 영광?" / 세금으로 집값 잡는 법 / 대통령 순방, 언론에 '미리 당부' / 슬슬 불 지피는 '조선일보' / '대통령 홀대' 주장의 '단순 한심함' / '홀대' 가짜뉴스 / 트럼프 "한국서 숙청 혁명" / 한미정상회담, 이재명의 전략 / 장동혁 국힘당 대표 선출 / 트럼프가 조심할 것 / 이재명-트럼프-김정은 조합 / 개신교의 '비판적 사회인식' / 국힘당의 '전쟁 출정식' / 새 보수 창당 가능성 / '자유총연맹'의 존재 이유 / 정부 광고비 1조 3천억 원 / 국힘당이 장악한 '충남도의회' / 시진핑-김정은-푸틴 만남 / 윤 씨와 '하나님'과 '사이비' / '한국인 구금'과 국힘당 / 미 구금 국민 석방교섭 / 한국인 구금이 이재명 탓? / 검찰청 폐지 확정 / 네팔 시위 '남 일' 같지 않은 이유 / 노태우와 전두환 장남 / 대미투자 3500억 달러? / 이스라엘의 대량학살 범죄 / 광복군 창설 85돌 / 한중 관계의 중요성 / 대법원이 해명할 것 / 국힘당과 '유사 종교' / '대왕고래' 1200억 원 낭비 / 통일교 총재 구속 / 북한 '비핵화' 문제 / 윤 씨 정부 '가짜뉴스' 사랑 / 대통령 지지율의 '허상' / '햇볕정책' 외 대안? / 민주당 정부에선 집값 오른다? / '대안 세력'이 없다 / 대법원 '민낯'

10월, 11월 367

'자주 국방'의 의미 / 고맙습니다, 단결! / 단기 4358년 개천절에 / 민주화 '열매'만 따먹는 사람들 / 중국과 미국의 차이 / 한가위에 궁금한 것 / 다채로운 우리말 / 북한이 잊지 말아야 할 것 / CCTV의 진실 / 대구시장 후보 지지율 /

법조인에게 중요한 것 / 이혼소송과 비자금 / 쿠팡과 검찰 / 국힘당의 윤 씨 면회 / 언론의 부자 세금 걱정 / 부동산에 볼모잡힌 '삶의 질' / "이례적 재판은 선별적 정의" / 여야 대표의 '악수' / 언론의 '부동산 선동' / 국힘당의 부동산 대책 비판 / '우파'적 인식 / 무역협상, 급한 쪽은 미국 / 시내 곳곳 '아무 말' 현수막들 / 한미 관세협상 타결 / 안보·국방도 민주당 / '탈원전'이 '망령?' / '안미경중?' / 북 "비핵화는 개꿈" / 경주 APEC 회의 폐막 / 국힘당 또 '보이콧' / 국유재산 '헐값 매각' / '종교'와 '사이비' 차이 / '65세 정년'보다 급한 것 / 내란 재판부의 '웃음 재판' / '문화계 블랙리스트' 사과 / 윤 씨 '이적죄' 적용 / 대장동 수천억 원 미환수? / 한덕수와 이몽룡 / 계엄 다음날 '당·정·대 회의' / 한동훈도 "빨갱이?" / '내란죄' 잊은 판사들? / 대장동 범죄수익 의혹 / 중국의 한국 편들기 / "한국이 대중·대러 전초기지?" / 정부, 론스타 소송 승리 / 내란 변호사들의 '뻔뻔함' / 사법부, 장난합니까? / 내란전담재판부, 사법부가 자초 / 한덕수 징역 15년 구형

나가며..419

2024년 12월 3일~1월

한강 작가의 '노벨문학상' 수상,
로제의 '아파트' 열풍….
대한민국의 '국격'이 치솟던 2024년 12월.

윤석열의 느닷없는 비상계엄 선포는 온 나라와 세계를 충격에 빠뜨렸습니다.

윤석열 긴급 담화문
(2024년 12월 3일 밤 10시 23분)

존경하는 국민 여러분, 저는 대통령으로서 피를 토하는 심정으로 국민 여러분께 호소 드립니다.

지금까지 국회는 우리 정부 출범 이후 22건의 정부 관료 탄핵소추를 발의하였으며, 지난 6월 22대 국회 출범 이후에도 10명째 탄핵을 추진 중에 있습니다. 이것은 세계 어느 나라에도 유례가 없을 뿐 아니라 우리나라 건국 이후에 전혀 유례가 없던 상황입니다.

판사를 겁박하고 다수의 검사를 탄핵하는 등 사법 업무를 마비시키고, 행정안전부 장관 탄핵, 방송통신위원장 탄핵, 감사원장 탄핵, 국방부 장관 탄핵 시도 등으로 행정부마저 마비시키고 있습니다.

국가 예산 처리도 국가 본질 기능과 마약 범죄 단속, 민생 치안 유지를 위한 주요 예산을 전액 삭감하여 국가 본질 기능을 훼손하고 대한민국을 마약 천국, 민생 치안 공황 상태로 만들었습니다.

민주당은 내년도 예산에서 재해대책 예비비 1조원, 아이돌봄 지원수당 384억원, 청년 일자리, 심해가스전 개발 사업 등 4조1000억원을 삭감하였습니다. 심지어 군 초급간부 봉급과 수당 인상, 당직근무비 인상 등 군 간부 처우 개선비조차 제동을 걸었습니다.

이러한 예산 폭거는 한마디로 대한민국 국가 재정을 농락하는 것입니다. 예산까지도 오로지 정쟁의 수단으로 이용하는 이러한 민주당의 입법 독재는 예산 탄핵까지도 서슴지 않았습니다. 국정은 마비되고 국민들의 한숨은 늘어나고 있습니다. 이는 자유 대한민국의 헌정 질서를 짓밟고 헌법과 법에 의해 세워진 정당한 국가기관을 교란시키는 것으로서, 내란을 획책하는 명백한 반국가행위입니다. 국민의 삶은 안중에도 없고 오로지 탄핵과 특검, 야당 대표의 방탄으로 국정이 마비 상태에 있습니다.

지금 우리 국회는 범죄자 집단의 소굴이 됐고, 입법 독재를 통해 국가의 사법 행정 시스템을 마비시키고 자유민주주의 체제의 전복을 기도하고 있습니다. 자유민주주의의 기반이 되어야 할 국회가 자유민주주의 체제를 붕괴시키는 괴물이 된 것입니다. 지금 대한민국은 당장 무너져도 이상하지 않을 정도의 풍전등화의 운명에 처해 있습니다.

친애하는 국민 여러분, 저는 북한 공산세력의 위협으로부터 자유 대한민국을 수호하고, 우리 국민의 자유와 행복을 약탈하고 있는 파렴치한 종북 반국가세력들을 일거에 척결하고 자유 헌정질서를 지키기 위해 비상계엄을 선포합니다.

저는 이 비상계엄을 통해 망국의 나락으로 떨어지고 있는 자유 대한민국을 재건하고 지켜낼 것입니다. 이를 위해 저는 지금까지 패악질을 일삼은 망국의 원흉, 반국가세력을 반드시 척결하겠습니다. 이는 체제 전복을 노리는 반국가세력의 준동으로부터 국민의 자유와 안전, 그리고 국가 지속 가능성을 보장하며 미래 세대에게 제대로 된 나라를 물려주기 위한 불가피한 조치입니다.

저는 가능한 한 빠른 시간 내에 반국가세력을 척결하고 국가를 정상화시키겠습니다.

계엄선포로 인해 자유 대한민국 헌법 가치를 믿고 따라주신 선량한 국민들께 다소의 불편이 있겠습니다만, 이러한 불편을 최소화하는 데 주력할 것입니다. 이와 같은 조치는 자유 대한민국의 영속성을 위해 부득이한 것이며, 대한민국이 국제사회에서 책임과 기여를 다한다는 대외정책 기조에는 아무런 변함이 없습니다.

대통령으로서 국민 여러분께 간곡히 호소 드립니다. 저는 오로지 국민 여러분만 믿고 신명을 바쳐 자유 대한민국을 지켜낼 것입니다. 저를 믿어주십시오. 감사합니다.

논리 비약과 피해망상

윤 씨의 이 담화문은 일국의 대표자가 썼다고 볼 수 없을 정도로 조잡합니다.

비상계엄 선포 이유로,
민주당의 예산 삭감과 공직자 탄핵 얘기하다 갑자기 "국회 범죄자 소굴", "자유민주주의 체제 전복" 운운하며 국회를 '반국가 세력'으로 지정합니다.
그러고는, "자유 대한민국을 지켜낼 것"이라며 "믿어" 달라 합니다.

비상계엄 선포할 정도의 긴급한 상황에 대한 논리적이고 설득력 있는 설명은 전혀 없고,

예산과 탄핵 문제를 들어
국회와 정치인들을 '반국가 세력'으로 지정하는 반민주적 논리 비약과 피해망상, 편견과 아집이 가득합니다.[1]

50년 전 배경 영화?

윤 씨의 담화문 발표 직후
방송에서 '계엄사령부 포고령'이 흘러나옵니다.

시민들의 평온한 일상과 정치 활동을
군이 무력 장악하겠다는 포고령 내용(다음
쪽)을 보면, '분노'가 오릅니다.

마치 영화처럼 시간이 50년 전으로 돌아간
듯한 모습이었습니다.

1980년 신군부의 계엄에 맞선 '5.18
민주화운동'의 비극을 떠올리는 국민들도
많았습니다.

---

1) 국힘당 비판하면 무작정 '좌파' '간첩' 낙인찍는 사람들과 비슷한 논리 비약입니다. 한편 비상계엄 선포는 명태균 의혹 등 윤 씨 부부의 사적 비리 문제가 부각되는 시점에서 이뤄졌습니다. 부부의 정권 지키기를 위해 '반국가 세력'을 이유로 계엄을 선포했다는 합리적 의심이 가능합니다.

계엄사령부 포고령(제1호)

자유대한민국 내부에 암약하고 있는 반국가세력의 대한민국 체제전복 위협으로부터 자유민주주의를 수호하고, 국민의 안전을 지키기 위해 2024년 12월 3일 23:00부로 대한민국 전역에 다음 사항을 포고합니다.

1. 국회와 지방의회, 정당의 활동과 정치적 결사, 집회, 시위 등 일체의 정치활동을 금한다.

2. 자유민주주의 체제를 부정하거나, 전복을 기도하는 일체의 행위를 금하고, 가짜뉴스, 여론조작, 허위선동을 금한다.

3. 모든 언론과 출판은 계엄사의 통제를 받는다.

4. 사회혼란을 조장하는 파업, 태업, 집회행위를 금한다.

5. 전공의를 비롯하여 파업 중이거나 의료현장을 이탈한 모든 의료인은 48시간 내 본업에 복귀하여 충실히 근무하고 위반 시는 계엄법에 의해 처단한다.

6. 반국가세력 등 체제전복세력을 제외한 선량한 일반 국민들은 일상생활에 불편을 최소화할 수 있도록 조치한다.

이상의 포고령 위반자에 대해서는 대한민국 계엄법 제 9조(계엄사령관 특별조치권)에 의하여 영장 없이 체포, 구금, 압수수색을 할 수 있으며, 계엄법 제 14조(벌칙)에 의하여 처단한다.

2024.12.3.(화) 계엄사령관 육군대장 박안수

긴박한 국회

서울 여의도 국회 상황이 긴박합니다.
시민들이 군·경찰과 대치중입니다.

"포고령 위반자를 영장 없이 체포 구금"한다는
계엄사령부 엄포에도
국회로 달려간 용감한 시민들….

본회의장으로 밀고 오는
특전사 요원들을
의원 보좌관 등이 온몸으로 막아내고,

일분일초가 급한 상황
드디어
우원식 국회의장 주도로
'국회 비상계엄 해제 요구 결의안'이
통과됩니다.

국회 계엄해제 요구 결의안 통과
(12월 4일 새벽 1시)

○ 재석 190명
○ 찬성 190명 (민주당 등 야당 172명, 국힘당 친한계 18명)
○ 헌법 제77조 5항: '국회가 재적의원 과반수의 찬성으로 계엄의 해제를 요구한 때에는 대통령은 이를 해제하여야 한다.'

선포 6시간여 만에 '해제'

국회의 '비상계엄 해제 결의안' 통과에도 윤씨는 '즉시 해제' 하지 않다가,

결국 계엄 선포 약 6시간여 만인 12월 4일 오전 4시 26분에야 해제를 선언했습니다.

윤석열 계엄해제 담화문 (12월 4일 새벽)

존경하는 국민 여러분. 저는 어젯밤 11시를 기해 국가의 본질적 기능을 마비시키고 자유민주주의 헌정 질서를 붕괴시키려는 반국가 세력에 맞서 결연한 구국의 의지로 비상계엄을 선포하였습니다. 그러나 조금 전 국회의 계엄 해제 요구가 있어 계엄 사무에 투입된 군을 철수시켰습니다.

바로 국무회의를 통해 국회의 요구를 수용하여 계엄을 해제할 것입니다.

다만, 즉시 국무회의를 소집하였지만, 새벽인 관계로 아직 의결 정족수가 충족되지 못해서 오는 대로 바로 계엄을 해제하겠습니다. 그렇지만 거듭되는 탄핵과 입법 농단, 예산 농단으로 국가의 기능을 마비시키는 무도한 행위는 즉각 중지해줄 것을 국회에 요청합니다.[2]

'탄핵' 반대 세력들

'자기 보호' 심리와 '망상'(妄想)에 빠져
대한민국과 국민들을
위험에 몰아넣으려 했던 대통령,

탄핵은 당연한 수순이었습니다.

그러나 국힘당의
'탄핵 반대'라는
'예기치 못한' 장애물이 나타납니다.

---

2) 이 담화문 역시 조잡합니다. '떼쓰기' 행동을 멈추면서도 미움의 대상에 대한 싫은 감정을 숨기지 않는 철부지 아이 같기도 합니다.

탄핵소추안 발의 및 1차 표결

12월 4일
국회 재적 300명 중 민주당 등 야6당 191명 대통령 탄핵소추안 발의[3]

12월 7일 국회 탄핵소추안 1차 표결
○ 국힘당, '탄핵 반대' 당론
○ 국힘당 108명 중 105명 집단 퇴장, 표결 불참(안철수·김예지·김상욱 3명은 재석)
○ 재적 300명 중 재석 195명
○ 정족수(재적 3분의 2, 200명) 미달, 투표 불성립

---

[3] 2004년 노무현 대통령 탄핵소추, 2016년 박근혜 대통령 탄핵소추에 이어 역대 세 번째.

국힘당 표결 불참

〈한겨레신문〉과 〈경향신문〉은
국회 탄핵소추안 표결에 불참한 국힘당 의원
105명의 명단을
신문 1면에 게재합니다.[4]

그날 본회의장 떠난 105인
(한겨레 1면, 12월 8일)

윤석열 탄핵안 투표 불참한 국민의힘 의원
105명
(경향신문 1면, 12월 8일)

---

4) 국힘당의 이런 행동은 대구·경북을 기반으로 한 자신들의 정치적 기득권을 지키기 위한 것으로 보입니다. 그러나 국회의원 정도의 정치인이라면, 국가적 혼란과 위기 상황에서 개인적 이해관계를 뛰어 넘어 '대승적'(大乘的)으로 판단하고 행동할 줄 알아야 합니다.

그날 본회의장 떠난 105인

강대식(대구 동구군위군을) 강명구(경북 구미시을) 강민국(경남 진주시을) 강선영(비례) 강승규(충남 홍성군예산군) 고동진(서울 강남구병) 곽규택(부산 서구동구) 구자근(경북 구미시갑) 권성동(강원 강릉시) 권영세(서울 용산구) 권영진(대구 달서구병) 김건(비례) 김기웅(대구 중구남구) 김기현(울산 남구을) 김대식(부산 사상구) 김도읍(부산 강서구) 김미애(부산 해운대구을) 김민전(비례) 김상훈(대구 서구) 김석기(경북 경주시) 김선교(경기 여주시양평군) 김성원(경기 동두천시양주시연천구을) 김소희(비례) 김승수(대구 북구을) 김용태(경기 포천시가평군) 김위상(비례) 김은혜(경기 성남시분당구을) 김장겸(비례) 김재섭(서울 도봉구갑) 김정재(경북 포항시북구) 김종양(경남 창원시의창구) 김태호(경남 양산시을) 김형동(경북 안동시예천군)

김희정(부산 연제구) 나경원(서울 동작구을)
박대출(경남 진주시갑) 박덕흠(충북 보은군옥천군영동군괴산군) 박상웅(경남 밀양시의령군함안군창녕군) 박성민(울산 중구)
박성훈(부산 북구을) 박수민(서울 강남구을)
박수영(부산 남구) 박정하(강원 원주시갑)
박정훈(서울 송파구갑) 박준태(비례)
박충권(비례) 박형수(경북 의성군청송군영덕군울진군) 배준영(인천 중구강화군옹진군) 배현진(서울 송파구을)
백종헌(부산 금정구) 서명옥(서울 강남구갑)
서범수(울산 울주군) 서일준(경남 거제시)
서지영(부산 동래구) 서천호(경남 사천시남해군하동군) 성일종(충남 서산시태안군) 송석준(경기 이천시)
송언석(경북 김천시) 신동욱(서울 서초구을)
신성범(경남 산청군함양군거창군합천군)
안상훈(비례) 엄태영(충북 제천시단양군)
우재준(대구 북구갑) 유상범(강원 홍천군횡성군영월군평창군) 유영하(대구 달서구갑) 유용원(비례) 윤상현(인천 동구미추홀구을) 윤영석(경남 양산시갑) 윤재옥(대구 달서구을) 윤한홍(경남 창원시마산회원구) 이달희(비례) 이만희(경북 영천시청도군) 이상휘(경북 포항시남구울릉군) 이성권(부산 사하구갑) 이양수(강원 속초시인제군고성군양양군) 이인선(대구 수성구을) 이종배(충북 충주시) 이종욱(경남 창원시진해구) 이철규(강원 동해시태백시삼척시정선군) 이헌승(부산 부산진구을) 인요한(비례) 임이자(경북 상주시문경시) 임종득(경북 영주시영양군봉화군) 장동혁(충남 보령시서천군) 정동만(부산 기장군) 정성국(부산 부산진구갑) 정연욱(부산 수영구) 정점식(경남 통영시고성군) 정희용(경북 고령군성주군칠곡군) 조경태(부산 사하구을) 조배숙(비례) 조승환(부산 중구영도구) 조은희(서울 서초구갑) 조정훈(서울 마포구갑) 조지연(경북 경산시) 주진우(부산 해운대구갑)

주호영(대구 수성구갑) 진종오(비례)
최보윤(비례) 최수진(비례) 최은석(대구
동구군위군갑) 최형두(경남 창원시마산합포구)
추경호(대구 달성군) 한기호(강원
춘천시철원군화천군양구군을) 한지아(비례)

2차 탄핵소추안 발의 및 표결

5일 뒤
2차 탄핵소추안 발의되고,
그 이틀 뒤 2차 표결이 진행됩니다.

12월 12일
국회 재적 300명 중 민주당 등 야6당 190명
대통령 탄핵소추안 발의

12월 14일 오후 4시 국회 탄핵소추안 2차 표결
○ 국힘당 '탄핵 반대' 당론 유지, 표결은 참가
○ 재적 300명 중 재석 300명
○ 결과: 찬성 204, 반대 85, 무효 8, 기권 3
○ 재적 3분의 2(200명) 넘는 찬성으로 가결
○ 범야권 192명 고려할 때, 국힘당 찬성 이탈 12표 추정(기권 및 무효표 11표도 국힘당 추정)

탄핵소추안 국회통과, 직무정지!

범야권의 강한 추진과,

국민 여론에 부담 느낀
일부 국힘당 의원의 '탄핵 찬성' 합류로

윤 씨 탄핵 소추안 국회를 통과!

12월 14일 오후 7시 24분
윤석열, 국회로부터 탄핵소추의결서 전달받아
대통령 직무정지.5)

한덕수 국무총리, 대통령 권한 승계.

헌법재판소 180일 이내에 탄핵 여부 결정.

---

5) '대통령'이라는 막강한 권력이 얼마나 큰 위협일 수 있는지 체감한 국민들은 윤 씨의 직무가 정지됐다는 사실만으로도 일단 안도합니다.

헌법재판관 3인 임명 '난항'

헌법재판소의 탄핵심판 진행 중
국힘당은 공석인 헌법재판관 3인의 임명을
방해합니다.

"재판관 임명 불가" 궤변, 탄핵심판까지
방해하는 국힘
(한겨레 사설, 12월 17일)

"국민의힘이 공석인 국회 추천 헌법재판관
후보자 3명의 임명을 반대하고 나섰다. 내란죄
피의자인 대통령 윤석열의 탄핵소추를
당론으로 반대한 데 이어, 헌법재판소의
탄핵심판까지 훼방 놓겠다는 것이다."

대통령 탄핵은 헌법재판관 9인 중 6인 이상
찬성 필요한데, 3명 공석 유지함으로써
'탄핵 기각' 확률 높여 보려는 국힘당
전략입니다.

윤 씨의 '저항'과 '선동'

출석요구서 수령도 거부한 윤석열, '법꾸라지'
행세 말라
(경향신문 사설, 12월 17일)

탄핵소추 이후
직무 정지 상태의 윤 씨는 대통령 관저에서
반성은커녕,

대한민국 법질서 전면 부정 및 지지자 선동에
몰두합니다.

국민 상대로 싸우는
윤 씨에 대해
여론의 비판 거셉니다.[6]

---

[6] 윤 씨의 착오 중 하나가, 전체 국민의 수준을 자신의 지지자 수준으로 판단한 것입니다. 입법부는 민주당이 다수지만 국힘당이 건재하고, 아직 행정부를 장악하고 있고, 자신이 임명한 대법원장이 이끄는 사법부도 우호적일 것이고, 극렬 지지자들도 있고…. 해볼 만한 싸움이라 판단한 것 같습니다.

한덕수 권한대행의 '비협조'

한덕수 대행, '내란·김건희 특검법' 즉각 공포하라
(경향신문 사설, 12월 18일)

윤 씨만 직무정지 됐을 뿐,
'윤 씨 정부'는 아직 살아 있습니다.

계엄 사태와 김건희 국정농단 의혹
철저 수사를 위해
국회를 통과한 두 특검법에 대해
한덕수 대통령 권한대행이 거부권 행사
가능성을 내보입니다.

국힘당에 이어,
한 대행이
'내란수사 방해' 가담자로 전면에 등장합니다.

윤 씨의 수사 불응

"당당히 맞서겠다"던 尹의 재판 지연과 수사 불응[7]
(조선일보 사설, 12월 21일)

빈말, 거짓, 무책임… 대통령답지도
'우두머리'답지도 않다
(동아일보 사설, 12월 23일)

수사에 불응하며
지지자 선동에 몰두하는 윤 씨의 비겁한 행태
국민적 '공분'(公憤)의 대상이 됩니다.

---

[7] 윤 씨는 헌법재판소가 보낸 탄핵심판 서류를 받지 않고, 공수처(고위공직자범죄수사처)와 경찰이 참여하는 '공조수사본부'가 보낸 출석 요구서도 수령하지 않는 등 재판과 수사를 거부하는 태도로 일관했습니다. 공수처는 윤 씨의 출석 요구 불응에 따라, 체포영장 청구를 검토합니다.

〈조선일보〉 '양비론'

민주당 또 韓대행 탄핵 협박, 계엄 빌미로
점령군 행세
(조선일보 사설, 12월 23일)

충격적인 내란 국면에서,
〈조선일보〉가 주특기인 '양비론'(兩非論)을
꺼냅니다.

"민주당도 잘못"이랍니다.

도둑질 재판에서
'문단속 잘못한' 피해자도 잘못이라는
식입니다.[8]

---

8) "도둑도 잘못, 피해자도 잘못"이라는 식의 '양비론'이
성행하면, 결국 이득을 보는 쪽은 '도둑'입니다.

내란은 여전히 진행 중

내란은 여전히 진행 중이다
(한겨레 사설, 12월 26일)

윤 씨의 수사기관 소환 거부 버티기,
한덕수 권한대행의 헌법재판관 임명 거부,
국힘당의 한 대행 옹호와 내란 특검법에
거부권 요구 등 수사 방해….

계엄 이후
윤 씨와 국힘당 세력의 저항이 의외로
거셉니다.

국민 불안감과 답답함 지속됩니다.

한덕수의 책임 회피

비현실적 '합의' 핑계로 헌재 재판관 임명 피한 韓의 무책임
(동아일보 사설, 12월 27일)

한덕수 대행의 행동에 대해
높아지는 의구심,
높아지는 비판 여론.[9]

---

9) 당시 "비상계엄에 찬성하지 않는다"며 국민 여론 편에 서는 듯했던 한덕수 대행은 헌법재판관 미임명, 국회 특검안 거부권 행사 등 당시로서는 이해할 수 없는 행동으로 국민적 의구심을 일으켰습니다. 이재명 정부 출범 뒤 특검 수사결과, 한덕수는 계엄 선포에 깊이 개입된 것으로 드러나 배신감을 줬습니다.

한덕수 탄핵소추안 국회통과

결국
12월 27일 한덕수 대통령 권한대행 국무총리 탄핵소추안이
국회 통과합니다.

○ 민주당 등 야당 192명 표결 참가 전원 찬성
○ 국힘당 표결 불참
○ 최상목 부총리 겸 기획재정부 장관 대통령 권한대행 직 승계

한덕수 탄핵은 사필귀정,
최상목 대행 '헌정 혼란' 조기 해소해야
(경향신문 사설, 12월 27일)

"총 쏴서라도 들어가라"

"총 쏘고…" "계엄 두, 세 번"
심각한 그날 尹 발언
(조선일보 사설, 12월 28일)

윤 씨가 비상계엄 당시 군 지휘관들에게

"총을 쏴서라도 문을 부수고 들어가
(국회의원들을) 끌어내라"
"해제 됐더라도 두 번, 세 번 계엄령 선포하면
되는 거니까 계속 진행해"

했다는 증언이 나옵니다.

〈조선일보〉도 "충격적이고 심각"하다는
그날의
윤 씨 행동입니다.

윤 씨 체포영장 청구

체포영장 청구된 윤석열, 궤변 접고
석고대죄부터 하라
(경향신문 사설, 12월 30일)

공수처와 경찰·국방부가 참여하는
'공조수사본부'가 30일
수사에 불응하고 '관저 버티기' 일관하는
윤 씨에 대해

'내란 우두머리' 등 혐의로
체포영장 청구합니다.

현직 대통령 사상 처음입니다.

"탄핵하라" 70%

"탄핵 인용" 70% "하야해야" 70% "내란죄"
67%… 이게 상식이고 민심
(동아일보 사설, 2025년 1월 1일)

〈동아일보〉 신년 여론조사 결과
윤 씨 파면과 내란죄 처벌에
압도적 여론입니다.

그러나 "탄핵 기각"(25.4%), "내란죄 적용 안
된다"(27.8%)도 생각보다 많습니다.

이른바 '보수' 응답자 중 "탄핵 반대"(53.4%)가
"탄핵 찬성"(41.9%)보다 우위입니다.
이들을 과연 '보수'라 할 수 있는지….[10]

---

[10] '원칙'과 '기본'에 충실하고자 하는 태도가 '보수'입니다. 대한민국의 헌법과 민주주의를 뿌리째 흔든 행위를 옹호하는 듯한 태도는 '보수'와 거리가 멉니다. '보수' 등 개념들의 정의에 대해 아래에서 차차 논하겠습니다.

헌법재판관 2인 임명

'8인 체제' 이룬 헌재, '윤석열 탄핵' 압도적 민심 새겨야
(한겨레 사설, 2025년 1월 1일)

한덕수 총리 탄핵소추에 따라
대통령 권한대행을 이어받은

최상목 경제부총리 겸 기획재정부 장관이

12월 31일
국회 추천 헌법재판관 후보 3명 중
2명을 임명합니다.

그러나 자의적으로 1명(마은혁 후보자)을
제외했다는 비판 받습니다.

윤 씨 체포 실패

윤석열 체포 불발, 제2의 내란이다
(한겨레 사설, 1월 3일)

3일 공수처 주도 '공조수사본부'의 윤 씨
체포영장 집행이 실패합니다.[11]

윤 씨가 강경한 태도로 불응하고
대통령 경호처가 영장 집행을 방해하며

최상목 권한대행은 이를
방관했습니다.

---

11) 공수처가 서울서부지방법원에 청구한 윤 씨 체포영장이 12월 31일 발부됐습니다. 이 체포영장은 1월 6일까지 유효합니다. 공수처는 체포영장의 효과적 집행을 위해 날짜를 보다가, 1월 3일 서울 한남동 대통령 관저로 집행에 나섰으나 실패했습니다.

윤 씨, 법이 우습나?

법치 외치던 윤 대통령, 대한민국 법이 우습나
(중앙일보 사설, 1월 4일)

체포 시도가 경호처 방해로 무산된 것
비판하며

윤 씨에게

"법적 책임 피하지 않겠다던 약속 지키고,
국론 분열 부추기는 극성 지지자 선동 행위
멈춰야"
요구하는 언론들.

국힘당, 윤 씨 관저 집결

내란 수괴 사수대 나선 국민의힘, '위헌 정당'
되려는가
(경향신문 사설, 1월 6일)

국힘당 의원 40여명
윤 씨 체포영장 집행 막겠다며

영장 시한 마지막 날인
6일 새벽
서울 한남동 대통령 관저 앞 집결.

내란 옹호 세력 인증했다는
비판 받습니다.

2차 체포시도와 충돌 우려

'관저 체포' 충돌 일어나면 윤석열·최상목 책임이다 (경향신문 사설, 1월 9일)

공수처의 윤 씨 체포영장 2차 집행 관련, 대통령 경호처와의 무력 충돌 우려 커집니다.[12]

---

12) 1차 체포영장이 6일 만료돼, 공수처가 재청구한 2차 체포영장에 대해 서울서부지법이 7일 재발부합니다. 2차 체포영장의 유효기간은 1월 21일까지였는데, 당시 공수처는 유효기간에 대해 함구한 채 영장 집행의 성공을 위해 다양한 시기와 방법을 고려했으며, 이 과정에서 대통령 경호처와의 무력 충돌 우려가 나왔습니다.

'조중동' 아니라 '조선'[13)]

내란 국면에서
〈동아일보〉, 〈중앙일보〉, 〈조선일보〉 간
논조 차이 보입니다.

1월 11일 사설 제목:

[동아] "윤 체포가 내란" "평화적 계엄"…
어불성설 법 무시와 국민 우롱

[중앙] 내란 특검 도입으로 수사권 논란 빌미
차단해야

[조선] 경찰과 경호처 유혈 충돌 때 여야는
사태 감당할 수 있나

---

13) 내란 국면에서 〈동아〉와 〈중앙〉은 윤 씨와 국힘당을 비판하는 '상식'을 보입니다. 〈조선〉만 '내란 세력'을 두둔하거나, 모호한 '여야 양비론'으로 '물 타기' 시도합니다.

경호처에 '무기 사용' 지시

경호처에 '무기 사용' 지시까지 한 윤석열,
파렴치하다
(한겨레 사설, 1월 13일)

공수처와 경찰의 2차 체포영장 집행 앞두고,
윤 씨가 경호처에 총기 사용까지 독촉했다는
주장 나옵니다.

'인격의 바닥' 보여주는 윤 씨.

2차 체포 '초점 흐리기'

공수처는 수사가 목적인가 체포가 목적인가
(조선일보 사설, 1월 14일)

2차 체포영장 집행 앞두고
〈조선〉은 또 '초점 흐리기' 시도합니다.

윤 씨 결국 체포

'내란 수괴' 윤석열 체포, '헌정유린 단죄'
진정한 첫걸음
(한겨레 사설, 1월 15일)

15일 오전 윤 씨 서울 한남동 대통령 관저에서
결국 체포.
12.3 계엄 이후 무려 43일 만입니다.

경호처 다수 직원들, '공무집행방해' 우려해
윤 씨 충성파 지휘부의 지시 따르지 않고
영장집행 막지 않았습니다.

법 무시 이어 공문서 위조 논란까지
(조선일보 사설, 1월 16일)

〈조선〉, "체포하기까지 끊임없이 법 위반
논란을 불러온 공수처가 체포 당일에도 공문서
위조 논란에 휩싸였다"고 시비.

윤 씨 구속영장 발부

내란 수괴 윤석열 구속은 사필귀정이다
(경향신문 사설, 1월 19일)

체포 뒤 구속영장 청구된
윤 씨에게

19일 새벽
서울서부지법에서 구속영장을 발부.

내란 우두머리 등 혐의
현직 대통령으로 사상 처음입니다.

서울서부지법 피습

법원 습격·난동, 윤석열의 거듭된 불복·선동이 빚었다
(한겨레 사설, 1월 19일)

19일 새벽 구속영장 발부 소식에
윤 씨 지지자들
서울서부지방법원 난입,

86명이 공무집행방해 및 기물 파손 등 혐의로 연행됩니다.
윤 씨 '선동'이 초래한 초유의 사태입니다.

법원 난동에 '폭도 낙인' 말라는 여당
'반체제 정당'될 건가
(경향신문 사설, 1월 20일)

국힘당은 폭력 사태 두둔하고, "경찰 과잉 대응 때문"이라는 등 본질 호도합니다.

윤 씨, 탄핵심판 '농락'

"그런 적 없다" "그게 아니다" "나 아니다"
그리고 "잘 살펴 달라"
(동아일보 사설, 1월 22일)

21일 헌법재판소 탄핵심판에
구속 상태에서 처음 출석한 윤 씨,

'거짓'과 '모르쇠', '남 탓' 일관합니다.

"의원 아닌 요원 빼라고"
"계엄령 아닌 계몽령" 혀를 찰 헌재 농락
(동아일보 사설, 1월 24일)

23일 헌법재판소 탄핵심판에 나온
윤 씨와 그 변호사들이 남긴
'명언'(?)들입니다.

검찰, 윤 씨 구속기소

'수사 불응' 윤석열 구속기소,
검찰은 '내란 단죄' 철저해야
(경향신문 사설, 1월 26일)

26일 검찰,
윤 씨 내란 우두머리 혐의로
구속 상태에서 재판에 넘깁니다.

심우정 검찰총장,
'당연한 구속기소' 아니라,
불구속기소 여부 놓고
전국 검사장회의 연 뒤에야

결국 구속기소 결정합니다.

'조중동' 아니라 '조선'(2)

윤석열 구속기소(1월 26일) 관련한 〈동아〉, 〈중앙〉, 〈조선〉의 사설 제목:

[동아] 검, '내란수괴' 혐의 윤 구속 기소…
공소 유지 부실 없어야

[중앙] 윤 대통령 내란 혐의 구속기소…
재판에서 정의 세워야

[조선] 공수처·법원이 합작한 총체적 사법 혼란

윤 씨 구속기소에 대해
〈조선〉은
'사법 혼란' 문제 제기합니다.

2월, 3월

헌재 권위 흔드는 국힘당

與 헌법재판관 공격, 도를 넘었다14)
(동아일보 사설, 2월 1일)

윤 씨와 국힘당은
헌법재판소 권위 훼손 통해
탄핵심판 정당성 흔들려는 의도를 보입니다.

헌재의 거듭되는 경솔하고 정파적인 행태
(조선일보 사설, 2월 4일)

국힘당의 헌재 권위와 정당성 훼손에
〈조선〉이 가담합니다.

---

14) 국힘당이 일부 헌법재판관들의 '우리법연구회', '국제인권법연구회' 등 활동을 이유로 이들의 '정치 성향'을 문제 삼으며, 윤 씨 탄핵심판을 '정치 성향 대결'의 문제로 몰고 가려는 의도를 보였습니다.

"민주당은 중도 보수"

이재명 민주당 대표가
2월 18일 한 인터넷채널 인터뷰에서

"(민주당은) 진보가 아니다"며
"중도 보수 정도의 포지션을 실제로 갖고
있다"고 말했습니다.

대한민국의 정치 발전을 위해

민주당이
유능한 '중도 보수'로,
'중도 보수'를 포용하는 정당으로
널리 인정받기를 응원합니다.[15]

---

15) 국힘당을 '(진짜) 보수'라 보기 어려운 상황에서, 민주당이 '중도'와 '합리적 보수'까지 껴안아야 하는 정치 상황입니다.

'망상'의 최후진술

내란 사과 없이 '복귀 망상'까지 드러낸
윤석열의 최후진술
(경향신문 사설, 2월 25일)

헌법재판소는 25일
탄핵심판 변론을 종결합니다.

윤 씨는 최후진술에서 '궤변으로 버티기', '책임 회피', '남 탓'으로 일관하다가,

심지어 "제가 직무에 복귀하게
된다면…"이라며

'복귀 망상'까지 드러냅니다.

마은혁 불임명, 위헌 결정

헌법재판소는 2월 27일
전원일치로 "마은혁 불임명, 국회 권한 침해"
결정을 내립니다.16)

'상상 초월'의 비상식적인 일들을
겪은 국민들은

"혹시 헌재도…?" 하는 의구심을 갖다가,
이 결정으로
다소 안심하게 됩니다.

---

16) 최상목 대통령 권한대행이 국회가 선출한 마은혁 후보자를 임명하지 않은 것은 "국회의 헌재 구성권을 침해"한 것이라는 헌법재판소의 결정이 나왔습니다. 이에 따라 최 대행은 마 후보자를 임명할 '의무'가 생겼지만, 이를 이행하지 않습니다. 이후 마 후보자는 윤석열 파면 나흘 뒤인 4월 8일 한덕수 권한대행에 의해 헌법재판관에 임명돼 국회 선출 104일 만에 임기를 시작하면서, 헌재는 '9인 체제'가 완성됩니다.

반공 망상중

"이재명, 북한 지령 받았다"고 주장한 국힘당
대변인이 고발당했습니다.
또 윤석열은 2월 25일 헌재 탄핵심판
최후변론에서 '간첩'만 25번 말했다고 합니다.

'색깔 낙인찍기'에 열중한 결과가
오늘날의 국힘당입니다.
그 지지자들 의식 수준도 참담합니다.

집단 '반공 망상증'에서
헤어나질 못하고 있습니다.

명실상부한 '보수 정당'의 부상을
바라봅니다.[17]

---

17) 보수주의(保守主義): 급격한 변화를 반대하고 현재 상태를 유지하기 위하여 전통의 옹호나 현재의 유지 또는 점진적 개혁을 주장하는 주의 (다음 국어사전). 과거의 '잘못'에 집착하고, 과거의 사고방식에 사로잡혀 시대 흐름에서 뒤처지고 변화와 개혁을 거부하는 것이 '보수'가 아닙니다.

윤 씨 지지자가 '극우?'

윤 씨 지지한다며 남의 나라 국기를 흔들고
다니는 무리들을 언론에서 '극우'라 부릅니다.
이들이 과연 '극우'일까?

'극우'는 '자집단 중심주의'의 극단적
형태입니다. 때문에 (배타적) 국가주의,
전체주의 성격을 띠는 경우 많습니다.[18]

윤 씨 극렬 지지자들은 '극우'라기보다,
'무개념', '비상식' 집단에 가깝지 않을까?[19]

---

18) 극우(極右): 극단적으로 보수주의적이거나 국수주의적인 사상;
국수주의(國粹主義): 자기 나라의 역사·문화·국민성 등과 같은 전통이 다른 나라보다 뛰어난 것으로 믿고, 그것을 유지하고 발전시켜 나가기 위해 다른 나라나 민족을 배척하는 경향 (다음 국어사전).
19) 황현필 역사바로잡기연구소장(2월 15일 광주 금남로 집회연설): "윤석열은 반국가 세력이고 그 지지자들은 극우도 아닌 독재추종 세력… 극우는 애국심을 동반하지만 저들은 같은 민족 학살자를 추종하는 사람들이다… 매국 좀비에 해당한다."

"진짜 돌아이네…."

계엄 당시 윤석열의 '발포 지시'를 들은
수방사령관 수행 장교가 속으로
"진짜 돌아이네…"라 생각했다고 합니다.[20]

이번 내란사건은
극우·극좌나, 보수·진보의 문제 아닙니다.

'돌아이'냐 아니냐,
'정상'이냐 '비정상'이냐,
'상식'이냐 '비상식'이냐 문제입니다.[21]

---

[20] 윤 씨가 수방사령관에게 "총을 쏴서라도 들어가서 끌어내라" 지시하는 것을, 옆에 있던 수행 장교(대위)가 들었다고 검찰 조사에서 진술했습니다.
[21] 돌아이: 상식에서 벗어나는 사고방식과 생활 방식을 가지고 자기 멋대로 하는 사람 (다음 국어사전).

'자유'라는 이름의 '반공'

윤석열 지지자들이 내세우는 '자유'는
사실상 '반공'으로
이해해야 합니다.[22]

'자유'라는 이름 아래
'좌빨 척결'을 목표로
하는 사람들….

저 멀리
1960~70년대 과거에서 온 분들이죠.

---

[22] '반공'을 주창하며 '사상의 자유'를 인정하지 않겠다는 자들이 '자유민주주의'를 외치는 것은 말 그대로 '모순'(矛盾)입니다.

대한민국 '이념 과잉'

보수, 진보, 좌파, 우파, 극우, 빨갱이….

2025년의 대한민국이
과거 냉전시대의
'이념 과잉'에 빠져 있습니다.

우리 스스로 만든 개념들도 아니고,
그 뜻조차 애매합니다.

철지난 이념으로 갈라지기보다,
지금의 상식과 민생, 국익을 위해
단합하는

대한민국을 바라봅니다.

'이념 과잉' 빠지지 않는 법

사람 또는 단체를 '있는 그대로' 지칭한다.

극우 (X)
윤석열 극렬 지지자 (O)

보수단체 (X)
탄핵 반대 단체 (O)

좌파신문 (X)
한겨레신문 (O)

보수 텃밭 (X)
국힘당 텃밭 (O)

'독도'와 '극우'

일본이 2월 22일
독도 영유권 주장하는
'다케시마의 날' 행사를 열었다고 합니다.

대한민국의 '진짜 극우'가
'비분강개'할 일입니다.

그런데 조용합니다.

그 많던 '극우'들
어디 갔습니까?[23]

---

[23] '극우'는 '자집단 중심주의'의 극단적 형태입니다. 내 나라, 내 집단이 침략 또는 침해당한다고 느낄 때 가장 분노합니다. 윤 씨 지지하고, 국힘당 지지하고, 일본 극우 주장 추종하는 것이 '극우'가 아닙니다.

'선진국'과 '엑스레이'

미국 여행 중인 지인이
발을 삐끗해
현지 동네병원을 방문했는데,

엑스레이 촬영비만
245불(한화 약 35만원) 나왔다고 합니다.

치료하고(의료),
배우는(교육) 데
돈 들지 않는 나라가

'진정한 선진국'이자,
'건강한 자본주의' 아닐까
생각해 봅니다.[24]

---

[24] '자본주의'와 '사회주의'의 경계가 현실 세상에서는 애매합니다. 이른바 '자본주의'가 생존하려면 '사회주의적 요소'를 융합해야 하고, 같은 논리로 '사회주의'가 생존하려면 '자본주의적 요소'를 융합해야 합니다.

삼일절 106돌

일제강점기 자료들을 보면,
'일본에 지지 않겠다'는
선조들의 의지가 매우 잘 드러납니다.

예컨대 학교에서
무능한 일본인 선생을 놀리거나,
조선인을 비하한 일본인 선생에
항의하는 일 등이 벌어집니다.

'문화·도덕적으로는 우리가 우위'라는 자부심을
잃지 않았습니다.[25]

삼일절 106돌입니다.

---

[25] 제1차 세계대전 이후 '침략 문명'과 '도덕 문명'을 구분하는 '문명관'이 세계적으로 부상했으며, 일본이라는 '침략 문명'에 나라를 빼앗긴 조선 사회도 이를 적극 수용했습니다.

'극우'와 '돌아이'

김구 선생, 안중근 의사 등을
굳이 따지자면
'극우'라 할 수 있습니다.

'극우'는 '자집단 중심주의'를 바탕으로 합니다.
타국, 타민족이 '우리'를 넘볼 때
가장 분개하고 극렬 저항합니다.[26]

요즘 우리 사회에서
'돌아이' 수준의 사람들을
'극우'라 '미화'합니다.

삼일절에 외국 국기 흔들고 다니는 무리들을
보는 게 안타깝습니다.

---

[26] '공격적 극우'와 '저항적 극우'를 구분할 필요 있습니다. 예컨대, 제국주의의 '극우'는 타국가·타민족에 공격적 성향을 띠지만, 제국주의 피해국의 '극우'는 자국과 자민족 지키기 위해 저항적 성향을 띱니다.

'내란'과 '양비론'

내란 국면인데도
'양비론자'(兩非論者)들이 있습니다.

"양쪽 다 잘못이다"
"모두 똑같은 놈들이다"며
'중립인 척' 합니다.

'최선'이 없다면
'차선'이라도 선택하거나,

이마저 없다면
'최악'(最惡)이라도 걸러 내려는 자세가
아쉽습니다.[27]

---

[27] "모두 다 거기서 거기"라는 의미의 '도토리 키 재기'라는 속담이 있는데, "도토리 키 재기라도 해야" 정치 발전합니다.

이번엔 '중국 속국?'

국힘당 지지자들 의식 수준이 처참합니다.

김대중, 노무현, 문재인 거치는 동안
"나라가 북한으로 넘어 간다"더니

이제 "이재명 대통령 되면 중국 속국 될 것"이라 얘기합니다.

이런 무지와 맹목성 위에 터 잡고
기생하는 세력이
이른바 '보수'라는 정치인과 언론입니다.

지지층을 속으로는
'개·돼지'로 여길 것입니다.

'계몽'은 이런 데 필요한 것입니다.[28]

---

[28] 윤 씨 변호사가 지난 2월 25일 헌법재판소 탄핵심판 재판에서 계엄을 통해 "계몽됐다"고 말해 관심을 끌었습니다.

목사들의 윤 씨 지지

"두 목사가 12만 명 모았다…
종교학자 '기독교 우파의 영적 전쟁'"
(중앙일보, 3월 3일)

"전광훈 집단은 이단 아닌 사이비… 목사라
부르지 말아야"(한겨레, 3월 3일)

윤석열 지지 집회가 극렬 목사들에 의해
조직, 주도되는 현상에
언론이 주목하고 있습니다.

'종교적 믿음'이 무섭습니다.[29]

---

[29] 내란 국면에서, 국힘당과 연결된 (유사)종교 세력이 대한민국 정치 전면에 등장합니다. 유례없던 일입니다. 이에 대해 뒤에서 더 논하겠습니다.

민주주의와 '중우 정치'

소크라테스, 플라톤, 아리스토텔레스….

고대 그리스 철학자들은 '민주주의'를 좋아하지 않았습니다.

'중우 정치(衆愚 政治)',
즉 '어리석은 대중'의 지배를
우려한 것입니다.

"깨어있는 시민이 민주주의 보루"(노무현)라는 말도
이런 맥락일 것입니다.

수유동 4.19공원에서

봄이 오는 길목, 서울 수유동 4.19공원에
갔습니다.

1960년 4.19 당시
성북경찰서 앞에서 총상을 입은 분의
묘비가 눈에 띄었습니다.

65년이 지난 오늘날
'발포 지시'를 하는 인간과
이를 추종하는 인간들이 나타날 줄은

상상도 못했습니다.[30]

---

30) 이미 지나간 '과거'라 여겼던 것들이 불쑥불쑥 '현재'에 나타납니다. 역사는 '현재진행형'이라는 생각을 해봅니다.

법원, 윤 씨 구속취소 결정

납득할 수 없는 '윤석열 구속취소' 결정,
검찰은 즉시 항고해야
(한겨레 사설, 3월 7일)

3월 7일 서울중앙지방법원 형사합의25부 지귀연 부장판사가,
윤 씨가 제기한 구속취소 신청을 수용합니다.

지 판사는
구속기간을 '날'로 계산하는 기존 관행을 깨고 '시간'으로 계산해, 검찰이 기소 전 구속기간을 넘겼다고 판단합니다.[31]

어렵게 잡아넣은 윤 씨가 맥없이 풀려날 수 있는 '황당'한 상황입니다.

---

[31] 지귀연 판사의 이 결정은 이후 지 판사가 맡은 내란 사건에 대한 국민적 불신, 나아가 사법부에 대한 불신을 야기하는 결정적 사건이 됩니다.

검찰의 항고 포기

"법원 부당한 결정"에 즉시항고 포기,
심우정 사퇴하라
(한겨레 사설, 3월 9일)

법원의 구속취소 결정에 대해
심우정 검찰총장은
상급 법원의 판단을 받아보는 항고를 포기하고
윤 씨를 석방합니다.

구속기간 산정에서 법원이 기존 관행을 깨고
사상 처음으로 '시간 계산법'을 제시했는데,

검찰이 항고 포기한 것은 쉽게 납득이
어렵습니다.[32]

---

[32] 윤 씨 정부의 검찰총장인 심우정의 항고 포기는 검찰에 대한 불신을 증폭시킵니다.

윤 씨에만 적용된 법원 계산법

대검 "종전대로 구속기간 '날'로 산정"
일선청에 지시[33]
(뉴스1, 3월 11일)

"검사의 구속기간은 10일, 즉 날수로 정해져 있을 뿐이지 시간 즉, 240시간으로 규정돼 있지 않다."(부산지법 부장판사, 3월 11일)

윤 씨한테만 '시간'으로 계산해 풀어줬다는 얘기인데….

사안이 좀 심각해 보입니다.

---

33) '날' 대신 '시간'으로 계산해 윤 씨를 풀어준 초유의 법원 결정에 대해 검찰은 '항고'를 포기해 이를 즉시 수용했으면서, 일선 청에는 "기존대로 날로 계산하라" 지침을 내림으로써 모순된 태도를 보였습니다.

'줄 탄핵'이 내란?

"3년간 30회 연쇄 탄핵, 이것은 내란 아닌가"
(조선일보 사설, 3월 12일)

비상계엄 및 내란을 처벌해야 할
엄중한 시기에,

〈조선일보〉가
"민주당의 탄핵 남발이 내란"이라
주장하고 있습니다.

국힘당과 그 지지자들 수준이
'처참한 지경'에 이른 데는
〈조선〉 책임도 있습니다.

'내부 변화' 바랍니다.

김상욱 의원 따돌림

"국힘, 탄핵 찬성 김상욱 집단 따돌리기…"34)
(한겨레, 3월 13일)

애초에 '보수'라 할 수 없는 집단을 '보수'라 불러주니,
자칭 '보수주의자'인 김 의원 같은 피해자가 나옵니다.

국힘당에 투표한 '진짜 보수' 유권자들도 이번 내란 국면에서 당황하고 있을 것입니다.

'국힘당'은 '국힘당'일 뿐입니다.

---

34) 윤 씨 탄핵에 찬성 투표한 국힘당 김상욱 의원이 내란 옹호는 '보수'의 가치와 위배되는 것이라며 비판의 목소리를 높이자, 내부에서 김 의원 '따돌리기'가 일어났습니다. 흔히 국힘당을 '보수'라 부르지만, 국힘당이 '보수의 가치'를 정면 위배할 때가 많습니다.

이재명은 안 됩니다?

"이재명은 안 됩니다"라는 현수막이 시내 곳곳에 붙어 있습니다.[35]

내란 옹호세력이 기를 쓰고 '안 된다'하니 더 관심이 갑니다.

'이재명 대통령 만들기' 공신 중 하나가,

역설적으로
국힘당과 그 지지자들이라는 생각
해봅니다.

---

35) 반(反)이재명, 반(反)민주당, 반(反)공산주의로 연명하고 있는 국힘당, '자신만의 가치'는 언제 찾을 것인지….

김문수와 '국가적 문제'

국힘당 대선후보로 김문수가 1위라는 것은 '국가적 문제'입니다.[36]

대한민국 유력 정당 지지자들의 '판단력'이 일반적이지 않다는 점을 여실히 보여 줍니다.

국힘당 여러분, 좀 더 유연한 시각으로 세상 보는 연습을 하기 바랍니다.

---

[36] "세월호 추모는 죽음의 굿판" 등 여러 언행으로 논란을 빚었던 김문수는 윤 씨 정부 고용노동부 장관으로 지명되자 2024년 8월 국회 인사청문회에서 "일제강점기 우리 국적이 일본"이라며 일제강점기 독립 노력을 부정하고 일제 불법 지배를 인정하는 태도를 보여 비판받았습니다. 12.3 비상계엄에 대해서도 김문수는 "윤 대통령이 계엄 선포할 정도로 어려움 처했다"며 윤 씨를 사실상 옹호했으며, 계엄 직후인 12월 11일 국회에서 민주당 서영교 의원이 국무위원들에게 계엄 책임을 물으며 사과를 요구했을 때 혼자 뻣뻣하게 앉아 사과를 거부했습니다. 김문수는 이후 대선 과정에서 서 의원 덕분에 대선 후보가 됐다고 말하기도 했습니다.

주말 '딴 세상' 풍경

주말에도 윤 씨 지지 집회에서는
'딴 세상'이 펼쳐졌습니다.

'종교적 맹신'과
'반공 망상증',
'가짜뉴스 선동'이 합쳐진 세상입니다.

2025년 대한민국의 '국격'과 전혀 맞지 않습니다.

윤 씨 지지자 여러분,
하루빨리
'현실 세상'으로 나오기 바랍니다.

국힘당의 '이재명 탓'

與, '美 민감국가 지정'에
"'친중반미' 이재명 국정장악이 원인"37)
(연합뉴스, 3월 17일)

하… 권영세 위원장님 이런 식으로 정치해도
됩니까?

눈앞에 '국민'은 안 보이고,
'개·돼지'들만 보이죠?

아예 당명을
'개·돼지의 힘'으로 바꾸시든지….

---

37) 미국 에너지부가 1월 우리나라를 '민감 국가'(sensitive country) 목록에 포함시켜 한미 간 과학기술 협력이 제약받을 수 있다는 우려가 일었습니다. 국힘당은 윤 씨 정부 시절 이뤄진 미국의 이 조처가 "이재명 민주당 탓"이라 주장했습니다.

대통령 권력 축소 필요성

온 세계가 생중계로 지켜본 내란의
우두머리 파면과 처벌이
이렇게 어려운가요?

대통령에게 과도한 권력과 특혜가 주어진 탓에
생기는 문제 아닌가 싶습니다.

다양화, 분권화 시대에
'제왕적 권력'의 대통령은
맞지 않습니다.

개헌과 법 개정을 통해,
불소추 특권을 포함한 대통령 권력
과감히 축소하길 바랍니다.[38]

---

38) 계엄 이후 3개월이 넘은 시점에서 윤 씨는 불구속 상태로 시내를 활보하고, 헌법재판소 파면 결정은 나오지 않고 있는 상황에서 국민들의 조바심이 커졌습니다.

가·피해자 구분 못하는 언론

일부 언론이 윤 씨와 민주당에
'탄핵심판 결과' 승복을 요구하는 데 대해,[39]

조갑제 조갑제닷컴 대표가
통찰력 있는 얘기를 했네요.

"야당에 승복하라고? 피해자인 야당을
가해자와 똑같이 취급하나"
"승복해야 할 주체는 尹, 야당은 피해자"
"살인범 풀어주면서 유족에 승복하라는 꼴"
(서울신문, 3월 17일)

---

[39] 헌법재판소의 탄핵심판이 '기각'으로 나왔을 때 민주당과 국민들이 '승복'해야 한다는 주장이, 계엄 사태에 대해 '양비론'적 접근을 보인 〈조선일보〉등을 중심으로 흘러 나왔습니다.

서울 집값과 오세훈

고개 숙인 오세훈 "송구하다"…
강남·서초·송파·용산 토허구역 지정[40]
(이데일리, 3월 19일)

오 시장과 국힘당이
일부러 집값을 부추긴 건 아닌 모양입니다.

오 시장은 "여전히 주택 시장이 자유 시장
원리에 따라 움직여야 한다고 생각한다"고
말해, '자유 이념 집착'에 따른 '경솔함'이 이번
사태 원인인 듯합니다.

주택 시장이 왜 '자유 시장 원리'에 따라야
하는지 잘 모르겠습니다.[41]

---

[40] 서울시가 2월 13일 강남·잠실 일대 아파트들에 대해 '토지거래허가구역' 규제를 푼 이후 강남3구를 중심으로 서울 집값이 상승하자, 오세훈 시장이 한 달여 만인 이날 사과와 함께 강남3구와 용산 등을 '토지거래허가구역'으로 재지정했습니다.
[41] 우리 사회 어설픈 '이념 과잉'입니다. '실용'과 '상

홍준표 '정치꾼?'

홍준표 대구시장이 어제(3월 19일) "헌재 구조가 좌파와 우파 4대 4다… (우파 4명 중에) 2명이 쉽게 넘어갈 수 있겠나"라 말했다고 합니다.

첫째, 이 말이 사실이라면 헌재 해체해야 합니다. 좌·우파가 있고, 그 성향에 따라 판결한다면 존재 이유 없습니다.

둘째, 아무 말이나 지껄이는 '정치꾼'들의 영향력이 너무 큽니다.

'정치꾼'들의 '아무 말'을 퍼 나르는 언론도 각성하기 바랍니다.42)

식' 좇아야 합니다.
42) 좌파 우파 진보 보수… 그 뜻도 애매한 용어들로 사람과 집단을 쉽게 '규정'하고, 편을 가르려는 태도가 우리 사회에 만연해 있습니다.

탄핵 기각은 쉽지 않다

헌재 결정이 늦어지면서
"불안하다"는 분들 많습니다.[43]

탄핵 기각은
법률적, 상식적으로 쉽지 않습니다.

혹시 헌재 내에 '돌아이'가 있을 가능성은 불안 요인입니다.
내란 국면에서 봤듯,
정부 곳곳에 '돌아이'들이 포진해 있습니다.

그렇다 해도,
헌재 8명 중 '돌아이'가 2명을 넘기도
쉬운 일 아닙니다.

너무 초조해 할 필요 없다고 봅니다.

---

[43] 2월 25일 헌법재판소 윤 씨 탄핵심판 변론 종결 이후 한 달이 다 되도록 결정을 하지 않고 있는 상황입니다.

헌재의 '상식' 증거

김문수 같은 자들은
마은혁 헌법재판관 후보자를 "마르크스
레닌주의자"라 공격합니다.

그런데, 헌재는 지난달
8인 전원일치로
"마은혁 불임명, 국회 권한 침해" 결정을
내렸습니다.

헌법재판관 중에
'상식을 크게 벗어나는' 분은 없다는 증거라
봅니다.

헌재의 현명한 결정을
기다려 봅니다.[44]

---

44) 유홍식 추기경, 한강 작가, 도올 김용옥 선생 등도
헌재에 '신속한 파면 결정'을 촉구했습니다.

좋은 봄날, 나라가 '답답'

"우리가 이길 것"…광화문·여의도 '탄핵반대'
보수 총집결
(MBN, 3월 22일)

좋은 봄날,

윤 씨 응원하겠다고
거리로 나온 자들이나,

이런 자들을
'보수'라 불러주는 언론이나….

답답합니다.

한덕수 탄핵 기각과 정계선 재판관

헌법재판소, 한덕수 총리 탄핵소추 기각…
5명 기각의견[45] (연합뉴스, 3월 24일)

헌재 결정 존중합니다.
그러나 정계선 재판관의 '인용' 의견에 가장
동의합니다.

정 재판관은 한덕수 총리가 '내란특검 후보
추천 의뢰 안한 것'과 '재판관 3명 불임명'이
"헌법과 법률에 위배된다"면서

"국가적 혼란을 신속하게 수습해야 할 의무가
있음에도, 오히려 위와 같은 헌법과 법률 위반
행위로 인해 논란을 증폭시키고 혼란을
가중"시켰다고 지적했습니다.

---

45) 헌법재판관 8명 중 5명이 '기각', 1명이 '인용', 2명이 '각하' 의견을 냈습니다.

복귀하는 한 총리 '의무'

한덕수 총리의 헌법재판관 불임명 관련해
헌재는 이번에도 "헌법과 법률 위반"임을
분명히 했습니다.

그러나 한 총리가 "헌법재판소를 무력화하려는
목적 또는 의사"까지 있었다고 볼 증거는
없다며 탄핵 기각했습니다.

이는 "헌재 무력화 의도가 드러난다면" 탄핵될
것이라는 얘기입니다.

업무 복귀한 한 총리는
조속히 마은혁 후보자를 임명해 위법 상태를
해소하고
헌재를 '9인 체제'로 정상화하기 바랍니다.[46]

---

46) 그러나 헌법재판관 후보자 미임명 사태를 한덕수 대통령 권한대행이 계속 방관하는 '이해 불가' 상황이 지속됐습니다. 민주당에서 '내각 총 탄핵' 등 강경 대응 요구가 나왔습니다.

한덕수 총리 복귀 일성

"이제 좌우는 없다."
한덕수 총리 복귀 일성(一聲)입니다.[47]

그러나 윤석열 정부에는 '좌우 이분법'으로
세상을 보는 공직자들이 많습니다.

영화와 연예인을 좌·우파로 나눴던 이진숙
방송통신위원장은 최근 EBS 사장 후보자
면접을 마쳤다고 합니다.

향후 국정에서 한 총리가 신경 써야 할 부분이
많을 것입니다.[48]

---

[47] 헌법재판소의 탄핵소추 기각에 따라 87일 만인 3월 24일 직무 복귀한 한덕수 대통령 권한대행 총리가 정부서울청사로 출근하면서 "이제 좌우는 없다고 생각한다. 오로지 우리나라가 위로 앞으로 발전하는 것이 정말 중요한 과제" 등 발언을 했습니다.
[48] 한덕수 총리는 정권교체 후 내란 특검 수사결과, 계엄에 개입한 것으로 드러나 구속영장이 청구되기도 했습니다.

헌재 '전원일치' 아닐 가능성?

헌재의 윤 씨 탄핵심판이
'전원일치' 아닐 수도 있다는 얘기가
나옵니다.49)

국회와 선관위에
최정예부대를 보내 장악하려 했고,
"총을 쏴서라도 의원들을 끌어내라"고까지 한
대통령에 대해
다른 의견 있을 수 있나요?

'파면' 외의 의견을 내는 재판관 '없을 것'이라
봅니다.

혹시 있다면 스스로 재판관 자격이 있는지부터
물어야 할 것입니다.

---

49) 헌법재판소 결정이 늦어지면서, "5대 3", "4대 4"
 등 온갖 추측들이 난무하는 상황입니다.

일본 역사왜곡과 우리 '극우'

"日고교 새 교과서, 또 '독도는 일본 땅' 억지 주장"
(연합뉴스, 3월 25일)

우리 언론들이
'극우'라 불러주는 분들의

'활약' 기대합니다.50)

---

50) '자 집단'의 이익이 침해당한다고 느낄 때 가장 분노하는 세력이 '극우'입니다. 과연 우리 사회에서 '극우'라 불리는 세력에게 이런 특징이 있는지 의문입니다.

'중립'과 '상식' 차이

내란 관련 방송토론에서
민주당과 국힘당을
1:1 또는 2:2 같은 비율로 놓는 게
맞나 싶습니다.

예컨대, 도둑 사건을 다룰 때
법정에서야 모르겠지만,

언론에서는 도둑보다 경찰의 입장에 더 힘을
실어줘야 하는 것 아닌가요?

지금 나라에
온갖 궤변과 억지논리가 판치는 것에

언론이
책임감을 느꼈으면 합니다.

'쇼'가 아닌 것?

노상원, 윤 대외활동 조언
"5·18 행사 가고, 시장 생선 만져라"[51]
(한겨레, 3월 26일)

'당연한 일'도
'조언' 받아야 했던 윤 씨.

'쇼'가 아닌
진심으로 했던 일은 뭡니까?

---

51) 노상원은 군 정보사령관 출신으로, 윤 씨와 김용현 국방 장관과의 친분을 바탕으로 12.3 계엄에 깊이 관여한 것으로 알려진 인물입니다. 특히 정치인, 언론인, 연예인 등 500명을 '수거 대상'으로 분류하고 색출 및 숙청 실행할 것 등 내용이 담긴 '노상원 수첩'으로 국민에게 충격을 줬습니다.

이재명 2심 무죄

이재명 선거법 2심 무죄…
"김문기·백현동 허위발언 아냐"[52]
(연합뉴스, 3월 26일)

대한민국 파이팅![53]

---

[52] 이재명 대표의 공직선거법 위반 사건 2심을 맡은 서울고등법원 형사6-2부(재판장 최은정)가 이날, 징역 1년 집행유예 2년의 원심을 깨고 무죄를 선고했습니다. 이 대표의 대선에 청신호가 켜졌습니다.
[53] 현실적으로, 이재명에게 힘을 실어 주는 것이 내란 세력을 완전하게 진압하고, 대한민국을 정상화할 최선의 방법이라는 판단입니다.

'정치 검찰'과 이재명 무죄

"이재명 선거법 무죄, '정치검찰'의 기소가 유죄다"
(한겨레 사설, 3월 26일)

"윤석열 정권과 한 몸이 돼 이 대표를 먼지 털듯 수사한 검찰은 전례 없이 낙선한 대선 후보를 선거법 위반으로 표적 기소했다. 이번 판결로 이 같은 검찰의 정치보복 행위가 유죄 판결을 받은 것이나 마찬가지다."[54]

---

54) 윤 씨 정부시절 검찰은 '정권 눈치 보기'와 '이재명 죽이기'에 앞장서 '정치 검찰' 비판을 받으며 신뢰를 크게 떨어뜨렸습니다. 이로써 '검찰청 폐지'라는 운명을 스스로 재촉하게 됩니다.

봄비

오늘(3월 27일)

온 나라에 봄비가 내립니다.

불타는 산하, 메마른 대지를

흠뻑 적셔 주었으면

좋겠습니다.[55]

---

[55] 3월 22일 경북 의성에서 시작된 대형 산불로 5개 시·군에서 28명이 사망하는 등 3월 30일 최종 진화 때까지 경북 일대에 큰 피해를 입혔습니다.

윤 씨 복귀보다 끔찍한 것

美 한반도 전문가 "尹 복귀 끔찍할 것…"
(프레시안, 3월 28일)

만의 하나, 탄핵 기각 되더라도
윤 씨는 어쨌든 대통령직 수행 못할 것이라
봅니다.

탄핵 기각 시
'윤 씨 복귀'보다 더 끔찍한 것은,

대한민국의 '정의'와 '상식'이
무너졌다는 것입니다.

그리운 2017년 대한민국

2017년 3월 박근혜 탄핵 당시
헌재는 8인 전원일치로
파면 결정했습니다.

당시 국회 탄핵소추안도 찬성 234명으로
통과됐습니다.

2025년 3월의 대한민국,

그 때보다 국력은 커졌지만, 정치는 후퇴한
셈입니다.
'상식'의 기반도 많이 무너졌습니다.

'비정상'에 대해 '상식'이 압도했던
2017년의 대한민국이
그립습니다.

4월, 5월

1960년과 2025년의 '4.18'

1960년 4월 18일 고대생들이
반공청년단 폭력배들에게 피습당합니다.
다음날 4.19혁명을 촉발한 사건입니다.

헌법재판관 2명 퇴임 날이
공교롭게도 4월 18일이네요.[56]

이때까지 탄핵심판 안 되면,
윤 씨 파면 어렵고 심지어 복귀까지
가능하답니다.

4월 18일 이후는 '혁명적 상황'이라는 우려가
나오는 2025년 대한민국의 현실이
답답합니다.

---

[56] 3월 말 현재 헌법재판소 '8인 체제'에서 문형배, 이미선 재판관이 4월 18일 퇴임 예정입니다. 재판관 추가 임명 없을 경우 '6인 체제'가 되는데, '탄핵 인용'에 6명 이상의 찬성이 필요하다는 점에서 1명만 반대해도 '기각'될 수 있는 상황입니다.

헌재, 4월 4일 선고 발표

헌재, 4월 4일 오전 11시 선고 발표.[57]

결국 헌재가
과열 분위기 피하기 위해
'뜸'을 들인 것 같습니다.

당연히 8:0 예상합니다.

---

[57] 헌법재판소가 1일 윤 씨 탄핵심판 사건 선고를 사흘 뒤인 4월 4일에 하겠다고 밝혔습니다.

내란 시국 경상도 분위기

부산 사는 유튜버가 올린 경상도
분위기입니다.
(진짜 이런가요?)

"내란이 뭔 죄가 되노? 윤 대통령님 만세다!"

"우린 나라 다 팔아먹어도 국민의힘입니더!"

"일본 덕분에 우리가 이리 사는거 아이가!"

"이태원 아들 놀다 죽었는데 와 국가
책임이노?"

"뭐라꼬? 니 빨갱이가, 니 전라도가? 치아라!"

국힘당의 '맹목적 지지자'

국민 35% 정도가
국힘당의 '맹목적 지지자'입니다.[58]

'내란'도 국힘당이 하면 지지합니다.

"일제강점기 우리 국적이 일본"이라는 인물도
국힘당이면 지지합니다.

35%는 너무 많습니다.

10% 이하로 줄어야 한다고 생각합니다.

---

[58] 내란 국면에서 치러진 6.3 대통령 선거에서 국힘당 후보 득표율이 41.15%로 나타났습니다. 국힘당에 대한 맹목적 지지율이 최소 35% 이상이라 보는 게 맞을 듯합니다.

4.2 재·보궐 선거의 '심판'

"시장·군수 5곳, 여야 4:1서 1:4로 역전…
계엄 후 첫 선거서 야권 약진"[59]
(중앙일보, 4월 2일)

야권의 승리라기보다,

'비정상'에 대한 국민의 준엄한 심판이라
봅니다.

(국힘당이 유일하게 이긴 곳이 경북
김천이네요. 이 시국에….)

---

[59] 4월 2일 치러진 지자체장, 교육감, 지방의원 등에 대한 재·보궐선거 결과, 민주당 등 범야권이 지자체장과 교육감 6곳 중 거제시장 등 5곳에서 이기며 압승해 윤 씨 내란에 대한 국민적 분노를 보여줬습니다.

예상대로 8:0

예상대로 8:0 입니다!
예측이 '매우 쉬운' 사건이었습니다.[60]

그간 4:4네, 5:3이네 국민을 현혹한
정치꾼, 법조꾼, 언론꾼, 평론꾼 등은
자성, 자책하기 바랍니다.[61]

국힘당 지지자들도
이런 자들의 거짓선동과 억지에
놀아나지 않기 바랍니다.

---

[60] 4월 4일 헌법재판소는 8명 재판관 전원일치로 국회 탄핵소추를 '인용'해 윤 씨를 파면했습니다. 헌재는 주요 쟁점이었던 △요건 맞지 않는 비상계엄 선포 △위헌·위법적 계엄포고령 △국회 봉쇄 침입 △중앙선거관리위원회 점거 및 서버 탈취 △법조인 체포 및 구금 지시 등 5개 소추사유에 대해 모두 '위헌' 결정해 윤 씨 계엄의 위헌위법성을 인정했습니다.
[61] 종편 방송 등에 나오는 '패널'들의 수준이 실망스러울 때가 많습니다.

'기본'을 흔드는 '궤변들'

헌법재판소의 8:0 전원일치 판결은
이 사건이 애초 '논란거리'가 아님을
보여 줍니다.

그간 윤 씨와 그 지지자들의
'말도 안 되는' 궤변과 억지주장을

마치 '보수'의 의견인 양,
마치 '정치 성향의 문제'인 양,
보도한 언론도 크게 반성해야 합니다.

대한민국의 '기본'을 흔들던
거짓과 억지가 사라지길 바랍니다.

'상식'이 '이념'보다 우위

尹이 유일 지명 정형식, '파면 결정문' 썼다…
보수 성향 조한창 김복형도 파면 의견
(동아일보, 4월 4일)

대한민국 '이념 과잉'입니다.
진보, 보수, 좌파, 우파, 극우….

'상식·비상식'의 문제에
'진보·보수', '좌파·우파'의 잣대를 들이댑니다.

헌재의 8:0 결정은,
'상식'이 '이념'보다 우위임을
보여 줍니다.

'파면' 이후 먼 길

김문수, 이르면 8일 대선 출마 선언…
"욕심 없지만 나라 이렇겐 안 돼"
(머니투데이, 4월 5일)

'파면'은 시작일 뿐,

가야 할 길이 아직 먼 것 같습니다.[62]

---

[62] 윤 씨만 파면됐을 뿐, 윤 씨 옹호세력은 아직 그대로이고 '재집권'까지 꿈꾸는 상황입니다. 윤 씨 파면에 따른 새 대통령 선거가 약 두 달 뒤인 6월 3일로 예정됐습니다.

윤씨의 "위대한 역사"

尹 "자유와 주권 위해 싸운 여정은 위대한
역사… 감사하고 죄송"
(조선일보, 4월 6일)

자성과 반성은커녕,
끝까지 지지자 선동에 몰두하는 모습.

윤 씨 입이
잠잠해지는 날이

빨리 오길 바랍니다.

국힘당 해산 절차

"국힘당 해체" 주장하는 분들 많습니다.

위헌 정당 해산절차:

1. 국무회의 심의, 헌법재판소에 청구
2. 헌재 재판관 6명 이상의 찬성
3. 정당 해산 (소속 국회의원 자격 상실)

국힘당으로서는
이번 대선이 '매우' 중요하네요.

한덕수의 '무리수'

韓대행, 문형배·이미선 후임 헌법재판관에
이완규·함상훈 지명[63]
(연합뉴스, 4월 8일)

"내란 진압이 우선"이라는 민주당과
조국혁신당,

지지합니다!

---

[63] 한덕수 대통령 권한대행이 4월 18일 퇴임하는 헌법재판관 2명의 후임으로 윤 씨 친구인 이완규 법제처장 등 2명을 지명했습니다. 한 대행의 의도성 짙은 이 행위에 대해, △대통령 권한대행이 헌법재판관 임명이라는 적극적 권한을 행사할 수 있는가 △파면된 대통령의 친구를 헌법재판관으로 임명하는 게 적절한가 등의 논란과 비판이 일었습니다.

전광훈과 국힘당

전광훈당(자유통일당) 창당 당원이었던
김문수가
윤 씨 정부 장관으로 발탁되더니,

오늘(4월 9일) 국힘당에
복당해
대선주자로 나서고 있습니다.[64]

전광훈당과 국힘당 간
연결이
우려스럽습니다.

---

64) 김문수는 지난 2020년 전광훈과 '자유통일당'을 창당한 뒤 국힘당에서 탈당한 바 있습니다.

이발소에 갔더니

오늘 이발소 갔더니
이발사님 하는 말,

"나이 드신 손님들은 이재명 욕을 많이
하네요."

어르신들,
지금 이재명 욕하고 돌아다니실 때입니까?

본인들이 대통령 만든 인간 때문에 나라꼴이
이 모양인데,
피해본 '선량한 국민'에 미안하지 않나요?

'염치' 좀 챙기시고,
자성·자중하시기 바랍니다.

대한민국 임시정부 수립일

오늘(4월 11일)
대한민국 임시정부 수립 기념일입니다.

1919년 4월 11일 중국 상하이에서
우리 민족 최초의 민주공화제 정부인 대한민국
임시정부를 세워,

민족의 대표기구이자
독립운동 중추 구실을 했습니다.

먼 이국땅 선조들의 고단하고 절박했을
독립 노력을
되새겨 봅니다.

국민과 싸우는 윤 씨

오늘(4월 11일)도 윤 씨는 국민 70%와
싸우겠다는 의지를 보였습니다.65)

그러나 내란 혐의 등
수사와 재판을 받아야 할 윤 씨가

애써 강한 척, 여유로운 척하지만,
속마음까지 여유로울 순 없을 것입니다.

윤 씨가 법의 엄중함을 깨닫는 날이
빨리 오길 바랍니다.

---

65) 파면 1주일 만인 4월 11일 서울 한남동 대통령 관저를 퇴거하는 윤씨가 "자유와 번영의 대한민국을 위해 미력하나마 노력을 아끼지 않겠습니다"라는 입장문을 냈습니다. 또 서초구 자택 앞에 도착해 주민들과 악수하며 "다 이기고 돌아온 거니까 걱정하지 마세요." "어차피 뭐 5년 하나 3년 하나…." 등 말하며 '이해 불가'한 정신 상태를 보여줬습니다.

역사기관 '알 박기'

윤석열 정부,
총선이후 낙하산 기관장 무더기 '알 박기'
(이데일리, 4월 14일)

가장 '어이없는' 것이,

일본 우파의 주장을 따르는 자들이
역사기관 곳곳에
'알 박기'하고 있다는 것입니다.[66]

국정에 스며있는
윤 씨 흔적
시급히 제거해야 합니다.

---

66) 윤 씨 성부가 동북아역사재단, 국사편찬위원회, 독립기념관 등 주요 역사 기관 곳곳에 '뉴라이트' 인물들을 배치했다는 지적이 있습니다. 윤 씨가 '뉴라이트'의 친일 반공 사상에 동조한 건지, 아니면 '인물난' 몰린 윤 씨가 확실한 지지세력 찾다 보니 '뉴라이트'에까지 닿은 건지…. '비상식' 지도자가 국가정체성 뒤흔든 또 하나의 사건입니다.

이문열의 '몰락'

소설가 이문열,
김문수 캠프 명예선대위원장 임명
(한겨레, 4월 14일)

그래도 한때, 대한민국을 대표하던
작가였는데….

'거장'(?)의 '몰락'이
참으로 안타깝네요.

일제강점기 국적이 일본?

독자 질문:
"일제강점기 조약을 통해 나라를 빼앗겼으니 국적이 일본 아닌가?"

필자 답변:
"우리는 그 '조약'이 불법이고 일제 지배 자체가 '불법'이라는 입장이므로, 당연히 '일본 국적'도 인정하지 않음."

정부 공식 입장:
"대한제국(조선)이 국가로서 소멸한 게 아니라, 계속 존속돼 왔으나, 통치권만 일본에 의해 불법적으로 대리 행사됐던 것."

"입만 터는 문과?"

이국종
"입만 터는 문과 놈들, 탈조선 해라"
(제주방송, 4월 16일)[67]

이과는 물질적 풍요를,
문과는 정신적 풍요를 줍니다.

문과가 입을 "터는" 게
문제가 아니라,
입을 "잘못 터는" 게 문제입니다.

"입 잘못 터는 문과 놈들, 탈조선 해라!"

---

[67] 이국종 국군대전병원장이 군의관 대상으로 한 강연의 발언이 논란입니다.

박정희 '발꿈치' 못 쫓아갈 국힘당

국힘 대선 주자들
"박정희 동상 서울에" "박정희 경제 리더십"
'지지층 잡기'
(MBN, 4월 16일)

'조국 근대화' 신념 아래 경제발전 이룬
박정희 업적,
부인할 수 없다고 봅니다.

대선 국면에서 여러 '정치꾼'들이
박정희 팔아 표를 얻으려 합니다.

이들이 박정희 '발꿈치' 쫓아갈 능력이라도
보였으면
좋겠습니다.

헌재 "차기 대통령이 재판관 임명"

차기 대통령이 새 재판관 임명한다…
헌재 "대행의 임명으로 극심한 혼란 가능성"
(세계일보, 4월 16일)[68]

이번에도 '전원일치'입니다.
사상 초유의 '비정상'에 대응하느라 헌재도
피곤할 것 같습니다.

그나저나, 차기 정부에서 국힘당 해산 가능성
더욱 높아졌습니다.[69]
(국무회의 심의 → 헌재 재판관 6명 이상
찬성)

---

[68] 헌법재판소가 4월 16일 한덕수 권한대행의 윤 씨 친구 등 2명 헌법재판관 후보자 지명 효력을 9인 만장일치 의견으로 정지시켰습니다.
[69] 한덕수 대행이 지명한 윤 씨 친구 등 헌법재판관 후보자들보다는, 차기 대통령이 새로 임명하는 후보자들이 국힘당 해산 찬성 가능성 높을 것입니다.

'상식', 그리고 '보수'와 '진보'

'상식'이 있고,
그 다음에 '보수' '진보'가 있습니다.

'보수'와 '진보'의 차이는,
'상식의 틀' 안에서 이뤄지는

'성향의 차이'일 뿐입니다.

'내란'을 옹호하거나,
'반공 망상증'에 빠져 있거나,
'사이비 종교'를 추종하는 것은

'비상식'이지, '보수'(또는 '진보')가 아닙니다.

대구 서문시장이 '보수?'

대구 민심을 본다며,
서문시장 상인들 인터뷰 기사들을 내보냅니다.

서울 민심 보려면,
남대문시장 상인들 인터뷰 하면 되는 건가요?

아무런 '대표성'도 없고,
그렇다고 '성숙한 시민의식'이 있는 것도 아닌,
시장 상인들 인터뷰
언제까지 봐야 하나요?[70)]

심지어, 대구 서문시장을 '보수의 심장'이라
하는 언론도 있어요.

---

70) 시장 상인 분들 전체를 비하하려는 의도는 없습니다.

대한민국 군사력 세계 5위

"남북한 통일되면,
군사력이 프랑스 같은 강국 된다"
하는 분이 있어서 찾아보니,

1. 미국 2. 러시아
3. 중국 4. 인도
5. 대한민국 6. 영국
7. 프랑스 8. 일본
9. 튀르키예 10. 이탈리아 순이네요.
(Global Firepower Index 2025)

우리 국력이
우리가 생각하는 것 이상일 때가
많습니다.

프란치스코 교황의 유산

평화·약자 보듬고 종교 역할 일깨운
'프란치스코의 유산'[71]
(경향신문 사설, 4월 21일)

'전쟁'보다 '평화'를
'강자'보다 '약자'를
'부자'보다 '빈자'를

교황이 남기신 유산이랍니다.

---

[71] 프란치스코 교황이 21일(현지시간) 선종했습니다. 향년 88세.

YTN 민영화 갈등

유진, 신주발행으로 YTN 39.2% 확보…
"영구장악 속셈" 내부 반발[72]
(미디어오늘, 4월 21일)

내란 국면에서
'언론 같지 않은 언론' 많이 봅니다.

(돈만 있으면) '아무나'
언론사를 차릴 수 있는 세상.

자본주의 언론 환경의
약점이자 문제점입니다.

---

[72] 윤 씨 정부시절인 2023년 10월 유진그룹의 특수목적법인 '유진이엔티'가 한전KDN과 한국마사회가 가진 YTN 지분 30.95%를 낙찰 받았고, 2024년 2월 방송통신위원회가 이를 승인했습니다. 이로써 공기업 소유였던 YTN이 건축자재 판매와 유통 등을 하는 민간 기업으로 넘어갔습니다. 그러나 서울행정법원은 올 11월 28일 "YTN 인수를 승인한 방송통신위원회 결정은 위법"이라 결정해 큰 변수가 생겼습니다.

신속 재판과 재구속 촉구

윤 씨 내란사건 재판 일정이
12월 말까지 잡혔다고 합니다.

재판부도 이미 생중계로 지켜봤을 텐데,
이렇게 오래 걸릴 일입니까?

국가적 중대 사안을
재판부가 너무 일반 사건 다루듯
하는 것 같습니다.

부하들은 구속,
우두머리만 불구속도 맞지 않습니다.

신속한 재판과 윤 씨 재구속
촉구합니다!

국힘당 대선후보 경선

국민의힘 2차 경선,
김문수·안철수·한동훈·홍준표 진출
(뉴시스, 4월 22일)

○ 김문수: 계엄 옹호, 일제 국적
○ 홍준표: 계엄 옹호, 대한 국적
○ 안철수: 계엄 비판, 대한 국적
○ 한동훈: 계엄 비판, 대한 국적

국힘당 여러분,
4명 중에는 안철수, 한동훈이
'상식'에 가까운 것 같습니다.

신천지와 국힘당

"신천지, 국민의힘 책임당원 조직적 모집"
양심 선언
(노컷뉴스, 4월 22일)

신천지가
정치권에 영향력 키우고
당을 장악할 의도까지 있었다고 합니다.

내란 옹호, 반공 망상, 일제 미화, 이단 종교까지….

국힘당을 '보수'라 부르며
'순진하게' 접근할 때가

아닌 것 같습니다.

국힘당은 '대구경북 당'

전국에서 유일하게
윤 씨 탄핵을 반대한 지역이
'대구경북'입니다.

국힘당은
국민 대다수 민심을 외면한 채,
'대구경북'을 믿고 행동했습니다.

이렇게 보면, 국힘당 실체는
'대구경북 당'입니다.

그동안 '보수'라는 가면을 쓰고
전국 정당 행세했지만,

이제
제 자리로 돌아갈 때입니다.

김문수가 후보 2강?

김문수: 계엄 옹호, 일제 국적

김문수가
국힘당 대선후보 2강에
진출했다는 것은,

국힘당 내부와 그 지지자들이
얼마나 '비상식'인가를 보여 줍니다.[73]

---

[73] 국힘당 대선후보 경선에서 김문수, 한동훈이 결선에 진출했습니다.

'친윤' 대 '반 친윤'

한동훈이 최종 후보 될라…
국힘, 한덕수로 '후단협' 가동[74]
(서울경제, 5월 1일)

"지금 국민의힘(친윤)은 '대선은 모르겠고' 한동훈이 후보가 되면 지선, 총선 공천을 못 받는다는 기득권 지키기에 혈안이 돼" 있다 합니다.

몰락하는 '친윤'의
"기득권 지키기"냐,

'반 친윤'의 "국힘당 지키기"냐
싸움인가요?

---

[74] 국힘당 실세인 '친윤'은 한동훈보다 김문수를, 김문수보다 한덕수를 선호하는 상황입니다. 그러나 '친윤'이 그대로 국힘당을 장악하고 있을 경우 국힘당에 대한 해산 압박 커질 것입니다.

이재명 유죄취지 파기환송

내란세력 척결
워낙 중대한 과제입니다.

3년 전 '말실수'가 비록 위법이더라도,
지지를 멈출 수 없습니다.[75]

---

[75] 이재명 공직선거법 위반 사건에 대해 5월 1일 대법원이 '무죄' 선고한 2심 판결을 뒤집고 유죄 취지로 파기환송 했습니다. 사건 접수 34일 만에, 대통령 선거를 한 달여 앞두고 이뤄진 대법원의 '초고속 판결'에 논란이 일고 있습니다.

이재명 후보 자격 박탈 우려

유력 후보의 자격을
사법부가 '변칙' 박탈할 수 있다는
우려 나옵니다.[76]

핵심 우려 요약:
1. 고법 100만원 미만 선고 → 검찰 즉시 상고
→ 대법원 파기자판 100만 원 이상

2. 고법 100만 원 이상 선고 → 상고기간
27일 보장 없이 바로 형 확정

사법부가 자초한 일입니다.
혼란 가중되지 않도록 책임 있는 해명
바랍니다.

---

[76] 공직선거법 위반으로 벌금 100만 원 이상 확정되면 피선거권이 박탈됩니다. 파기환송심을 맡은 고법 재판부가 100만원을 기준으로 어떤 선고를 해도, 윤 씨가 임명한 대법원장이 이끄는 대법원에서 이재명의 대선 출마 자격을 박탈할 수 있다는 우려입니다.

김문수, 대선후보 경선 승리

김문수, 최종 득표율 56.53%로 경선 승리…
한동훈 43.47%
(MBN, 5월 3일)

어처구니없네요.

이번 대선은 한일전?

김문수가 국힘당 후보로
결정되면서,

"이번 대선은 한일전"
얘기가 나옵니다.

'웃픈' 현실입니다.

파기환송심 대선 뒤로

이재명 파기환송심,
대선 뒤 6월 18일로 연기…
고법 "선거운동 보장"
(뉴스1, 5월 7일)

사법부에 대한
국민적 오해와 의혹을 없애기 위한
고법의 '상식적' 판단 환영합니다.

혹시라도 "민주당의 탄핵 협박에 굴복한
법원"이라며
'비상식적' 선동하는 세력
없길 바랍니다.[77]

---

[77] 이와 관련, 〈조선일보〉는 다음날 "'대통령직이 범죄자 도피처 될 수 있다'는 합리적 우려"라는 제목의 사설(5월 8일)을 실었습니다.

'도토리 키 재기'와 정치 발전

국힘당의 '숨은 지지자'들이
잘 하는 얘기가
"반대쪽도 똑같다"입니다.

내란 국면에서
차마 "국힘당 지지"한다 못하겠고,
'중립적'인 척합니다.

'도토리 키 재기'라도 해야 정치 발전합니다.

'상식'을 벗어나는 세력,
'최악'의 세력이
누구인지

'분별'할 줄 아는 시민이
우리 사회 지킬 것입니다.

김상욱 국힘당 탈당

김상욱, 국힘 탈당 선언…
"극우 아닌 민주보수의 길 가겠다"
(전자신문, 5월 8일)

국힘당은
'극우'라 볼 수도 없습니다.

'기본'과 '원칙',
'상식'을 지키는
'진짜 보수'가 되길 응원합니다.[78]

---

78) 김상욱 의원은 국힘당 탈당 열흘 뒤인 5월 18일 광주 5.18민주묘지 참배 뒤 기자회견을 열어 민주당 입당을 선언합니다.

대통령과 동네 이장

홍준표 "3년 전 두 놈이 尹 데리고 올 때부터 망조"
(세계일보, 5월 9일)

윤 씨 대통령도
국힘당 "몇몇 놈들"이 만든 셈입니다.

당이 결정하면 지지자들은 따릅니다.

지지자 선동 방법도 쉽습니다.
김문수 윤석열이 그랬듯이,
민주당에 '아주 세게' 들이받으면 됩니다.

'동네 이장'도 이런 식으로 결정하면 안 될 것입니다.

국힘당 후보 교체?

헐…
자고 일어나니,
국힘당 대선 후보가 바뀌었네요.

여러모로 '대단한' 정당입니다.[79]

---

[79] 국힘당 김문수가 무소속 한덕수와 후보 단일화 문제로 지도부와 갈등을 겪던 중, 5월 10일 새벽 국힘당 지도부 주도로 김문수 후보 등록 취소되고 한덕수 입당과 후보 등록이 전격적으로 이뤄졌습니다. 그러나 10일 밤 국힘당 당원 투표에서 후보 교체 안건이 부결돼 다시 김문수가 대선 후보로 최종 확정됐습니다. 윤 씨와 국힘당 '친윤' 세력이 한덕수를 민 이유는, 이후 특검수사 결과 한덕수가 계엄 가담자라는 혐의가 드러남으로써 더욱 분명해 졌습니다.

국힘당이 "간첩?"

전광훈 측 "김문수 후보 자격 취소한 국힘은 북한 간첩"
(뉴스1, 5월 10일)

김문수 미는 세력의 수준입니다.

그나저나
국힘당 지지자 여러분,

국힘당도 "북한 간첩"이랍니다~.[80]

---

80) 아무한테나 본인들 기분 내키는 대로 "간첩" "좌빨" 딱지 붙이는 범 국힘당 지지자들, 과거 군사독재 시절 '반공 빨갱이 몰이' 하던 때와 닮아 있습니다. 변화해야 합니다.

'극단'을 경계함

"김재연의 이재명 지지, 배신 넘어 비수 꽂아"…
후폭풍 거센 진보진영의 '민주당 지지'[81]
(프레시안, 5월 11일)

'상식'이 '이념'보다 우선합니다.
이재명의 '중도보수론'도 이런 의미라 봅니다.

'진보'든 '보수'든,
'이념'을 앞세우는 극단 세력이 우리 정치의 주류가 되어선 안 됩니다.

민주당도 경계해야 할 부분입니다.

---

81) 김재연 진보당 상임대표가 이재명 민주당 후보 지지를 선언하자, '전봉준 투쟁단' 등 일각에서 "어떻게 민주당 후보를 지지하느냐"며 비판 목소리를 냈습니다.

김문수 "서영교 덕분"

김문수 "나를 이 자리에 앉힌 사람은 서영교 민주당 의원… 난 한 게 없다"
(경향신문, 5월 12일)

지난해 12월 국회에서
국무위원들에 대한 서 의원의 사과 요구에

혼자 '꼿꼿이' 버텼다가 대선후보까지 됐다는 겁니다.

"민주당에 얼마나 세게 들이받느냐"가
대선후보 기준이 되는
국힘당 여러분,

'대선'은 '장난'이 아닙니다.

'보수'와 '보사'의 구분

홍준표 지지자 모임
"이재명 압도적 승리 위해 힘 합칠 것"
"국민의힘 여전히 내란세력에 놀아나…
대한민국 보수 대표 아냐"
(경기일보, 5월 13일)

'보수'와 '보사'(보수 사칭) 세력을

구분할 줄
아는 분들인 듯.

응원합니다.

대구경북 'DG?'

언론에서 '대구경북'을
'TK'(Taegu Kyeongbuk)라 합니다.

전두환 시절
"TK 장관, PK 차관" 말 나올 정도로
권력중심에 있을 때 생긴 용어 같습니다.

시대도 변했고,
표기법도 'Daegu Gyeongbuk'(DG)으로
바뀌었습니다.

시대에 맞지 않는
용어나 표현들,

언론부터 사용 자제 바랍니다.

경상도의 '전라도 탓'

대구경북 "국힘당 텃밭" 얘기했더니,
역시 "전라도는 더 심하지 않냐" 합니다.

반성은 없고, "전라도" 들먹이며
'자기 정당화'만 하려 합니다.

'텃밭'이 문제 아니라,
(내란 옹호하는) '국힘당 텃밭'이라는 게
문제입니다.

'내란옹호 당 vs. 내란진압 당'이라면,
후자 득표율 100% 동네가
'깨어있는' 동네입니다.[82]

---

82) 전라도가 내란 진압 세력에 '몰표'하는 것과, 경상도가 내란 옹호 세력에 '몰표'하는 것은 전혀 다른 차원의 얘기입니다.

5.18 주역 영입 논란

5·18때 특전사령관 정호용… 김문수 선대위 영입 논란[83]
(중앙일보, 5월 14일)

내란 세력,
사이비 종교 세력,
태극기 모욕부대 세력,
다 모아 놓은 집단이니,

누군들 영입 못하겠소.

(영입 취소했다니 그나마 다행이오.)

---

83) 김문수와 국힘당 세력이 '과거 세력'임을 여실히 보여주는 사건입니다.

김문수 '돌아이?'

김문수 "헌재 전원일치 반복=공산국가"[84]
(JTBC, 5월 15일)

윤 씨에 이어
또다시 '돌아이' 수준의 대통령 후보가
나온 것 같습니다.

*돌아이:
상식에서 벗어나는 사고방식과 생활 방식을
가지고 자기 멋대로 하는 사람
(다음 국어사전)

---

84) 이날 김문수 국힘당 대선후보는 헌법재판소가 전원일치로 윤 씨 파면한 데 대해 "이런 일은 공산국가에서나 일어난다"고 말했습니다. 김문수는 '비상식' 언행으로 대선후보까지 된 인물입니다. 이런 말이 안 되는 얘기들이 오히려 정치인의 지지도를 높이는 정치 현실, 유권자들이 반성해야 합니다.

조선일보가 웬일?

'영남 자민련'도 못 될 처지의 국힘
(조선일보 사설, 5월 16일)

"국힘 지역구 의원의 65%가 영남권이다. 이들은 국민 다수의 민심이 아니라 강성 지지층 눈치만 보는 정치 웰빙족이 됐다. 어처구니없는 계엄도 반대하지 못하면서 국회의원이라고 한다."

간만에 설득력 있는
〈조선일보〉 사설입니다.

〈조선〉 내부에도
'합리적 보수'가 많아지길 바랍니다.

'대구경북' 대 '대한민국'

이재명, TK 제외 지역서 김문수 압승…
李 49%·金 27%
(쿠키뉴스, 5월 16일)

전국에서 '유일하게'
윤 씨 탄핵 반대,

전국에서 '유일하게'
김문수 지지….

이쯤 되면,
'대구경북' vs. '대한민국' 싸움인 듯합니다.

'텃밭'과 '죽비'의 차이

"호남은 텃밭 아니라 죽비 같은 두려운 존재…
잘하면 칭찬하지만 못하면 가차 없이 혼을
낸다."
(이재명 익산 유세, 노컷뉴스 5월 16일)

대한민국
모든 시민들이

"정치인들이 두려워하는 죽비 같은 존재"

되길 바랍니다.

이재명 개헌안 요약

1. 대통령 책임성 강화:
대통령 4년 연임제, 결선투표제

2. 대통령 권력 분산·견제:
국무총리 국회 추천, 대통령 법안거부권 제한,
수사기관 등 임명 국회 동의, 비상·계엄 때
국회 권한 강화

3. 권력기관 상호견제:
검찰 영장독점 폐지, 감사원 국회 이관

4. 헌법 정신 보강: 5.18 민주화운동 수록

5.18, 45돌

오늘 5.18 민주화운동 45돌입니다.

45년 전 시민운동은 광주에서
일어났지만,

이제 대한민국의 '소중한 민주주의 역사이자
자산'입니다.

5.18은 더 이상 '광주만의 것'이 아니라,
'서울의 것', '대전의 것', '대구의 것'입니다.

12.3 계엄을 막아냈듯,
그 유산을 우리 모두 누리고 있습니다.

앞으로도 5.18은
대한민국을 더욱 자랑스럽게 할 것입니다.

"앞서서 나가니 산자여 따르라~"

"창원시민입니다. 광주 영령에게 한없이 지고 있는 빚, 6.3일 조금이나마 갚겠습니다."

"소수집단 일부는 아직도 광주 타령이냐 어쩌고 하지만 그들도 민주화 위해 목숨 바치셨던 분들 덕에 그딴 헛소리라도 할 자유를 누리고 있다는 사실 명심해라."

"앞서서 나가니 산자여 따르라~ 눈물이 납니다. 광주시민 여러분 저도 멀리서 같이 합니다."

(오마이TV '임을 위한 행진곡 합창' 영상 댓글들)

대선후보 1차 토론회

대선후보 1차 토론회(5월 18일, 경제 분야) 후기

○ 김문수: 이념 (친 기업, 규제 철폐, 한미동맹)
○ 권영국: 이념 (친 노동, 차별 철폐)
○ 이준석: 헛똑똑이
○ 이재명: 실용, 균형, 융·복합

윤 씨와 '광신도'

"윤석열~! 대통령~!"
오늘(5월 19일) 법원 출석하는 윤 씨에게
지지자들이 외칩니다.

윤씨를 '종교적 믿음'의 대상으로 여기는
듯합니다.
"윤 씨는 과연 이들을 어떻게 볼까"
궁금합니다.

이재명은 "호남은 '텃밭' 아니라, 두려운
'죽비'같은 존재"라 했습니다.

정치인이 유권자를 '광신도' 아니라,
'죽비'로 볼 때
정치 발전할 것입니다.

내란 재판부 문제

진실공방 흐르는 판사 술 접대 의혹…
대법, 적극 규명을[85]
(한국일보 사설, 5월 20일)

尹 석방 판사에 대한 비상식적 협박
(조선일보 사설, 5월 20일)

〈한국일보〉 등 대부분 신문이 '진상 규명'
요구합니다.
〈조선일보〉만 일방적으로 지 판사 두둔합니다.

〈조선일보〉의 '내부 변화' 바랍니다.

---

[85] 내란 사건 재판장인 서울중앙지법 지귀연 부장판사가 1인당 수백만 원이 나오는 서울 강남의 룸살롱에서 접대 받았다는 의혹을 민주당에서 제기했습니다. 지 부장판사는 "사실이 아니다"며 부인했습니다.

'룸살롱 의혹'에 '파이팅?'

'룸살롱 의혹'을 받고 있는
지귀연 판사에 대해,

국힘당과 김문수 지지자들이
"파이팅"을
외치고 있습니다.

이러다가 또
"차기 대선후보 지귀연" 되는 것 아닌지….

'전라도'와 싸우는 '경상도'

"경상도 국힘당 맹목적 지지" 비판하면,
"전라도는?" 합니다.

경상도 제외 모든 지역이
'대한민국을 위해' 싸울 때,

경상도는 '전라도와 싸우고' 있습니다.

이를 정당화하기 위해
전라도를 좌파, 공산주의, 북한과
연결시킵니다.

반성과 변화해야 합니다.[86]

---

[86] 전라도는 경상도 군부 정권의 '학살'에 맞서 싸운 경험이 있습니다. 경상도는 그런 군부 정권을 떠받쳤던 지역입니다. 역사적으로 가해자-피해자 관계를 '같은 수준'으로 놓고 지역감정 논할 수 없습니다. 전라도와 싸우는 분들, '역지사지'(易地思之)하기 바랍니다.

경상도의 '향수'

해방 이후 이승만 정부에서
'지역 차이' 거의 없습니다.

내각 구성에서 '경상도 우위' 시작된 것이
박정희 시기입니다.

전두환 시절에는
'TK 장관, PK 차관' 할 정도로 경상도,
특히 '대구경북' 우위 두드러집니다.

경상도가 아직도 '그 시절 향수'에 젖어 있는
듯한 모습이 나타납니다.

반성과 변화해야 합니다.

대한민국 무역 상대국 순위
(2022년)

1. 중국
2. 미국
3. 베트남
4. 일본
5. 홍콩

미국과 서구 패권이 쇠퇴하고,
중국과 아시아가 부상하고 있습니다.

'혐중'(嫌中)으로
'무지함' 드러내며,

'국익' 해칠 때가 아닙니다.

김문수, 대통령 감 아닌 이유

'박정희 투어' 김문수
"박근혜 거짓정보로 대통령직 박탈"
(MBN, 5월 25일)

○ 박근혜 탄핵 부정
○ 윤석열 탄핵 부정
○ 일제강점기 국적 부정
○ 내란사실 부정
○ 대한민국 선거체계 부정

아무리
'중립적'으로 생각해도,
대한민국 대통령 감 아닙니다.

제가 문제인가요?[87]

---

87) 각자 '보는 눈' 다를 테니, 다른 의견 존중합니다. 다만, "우리가 남이가" 맹목적 지지나, "이재명 되면 공산화" 같은 '허무맹랑'(虛無孟浪)한 생각은 아니어야 합니다.

육사 폐교 문제

육군사관학교, 홍범도 장군 흉상 '존치' 최종 결정[88] (SBS, 5월 26일)

이 당연한 일을
2년 넘게 고민한(눈치 본?) 육사.

쿠데타 '온상',
'정치 개입'의 역사,
독립군에 대한 이념 논쟁,
육사 출신들의 극단 정치활동 등….

반발 심하겠지만,
새로운 장교 양성기관 창설 고려해야 한다고 봅니다.

---

[88] 윤 씨 정부시절 국힘당에서 홍범도 장군의 말년 공산당 전력을 문제 삼았고, 2023년 8월 국방부와 육군은 육군사관학교 충무관 앞과 국방부 청사 앞에 있는 홍범도 장군 흉상 이전을 공식화해 각계 반발을 샀습니다.

'보수' 민주당

더불어민주당,
진짜보수 민주보수 공동선언
(JTBC, 5월 27일)

건강한 '진보'와 '보수'는
'상호대립' 아닌,
'상호보완' 관계입니다.

'보사'(보수 사칭) 세력
물리치고,

'보수'의 큰 흐름 이끌어 주길
응원합니다.

대선후보 3차 토론회

대선후보 3차 토론회(5월 27일, 정치 분야) 후기

○ 이재명: 실용성, 탈이념, 현실적 평화
○ 권영국: 평등, 차별철폐, 이상적 평화
○ 김문수: 소신, 고집, 냉전 이념
○ 이준석: 헛똑똑이

정책 토론 대신, '진흙탕 싸움' 유도한 후보: 김문수, 이준석

'내란' 침묵하던 '법조 어르신들'

정치 보복에 사법 위기, 거리로 나선 법조 원로들89) (조선일보 사설, 5월 28일)

'내란'에는 침묵하던 '법조 어르신'들이
거리에 나섰답니다.

우리 사회 곳곳에 '암약'하고 있는
내란 옹호세력에 대한
철저한 심판이 이뤄지는
선거되길 바랍니다.

---

89) 〈조선일보〉 사설 내용: 법조계 원로 등 전현직 법조인 1000여 명이 27일 대법원 앞에서 민주당이 사법부 독립을 훼손하고 있다고 비판하는 시국선언서를 냈다. 이들은 "대법원이 이재명 후보 선거법 사건을 유죄 취시로 파기환송한 이후 사법권 독립을 위태롭게 하는 초유의 만행이 자행되고 있다"며 "삼권분립과 헌법 질서를 파괴하는 모든 시도에 단호히 맞서겠다"고 했다. 시국선언에는 정기승·변재승·유지담·이용우 전 대법관, 권성·김효종 전 헌법재판관, 김경한 전 법무부 장관, 한상대 전 검찰총장 등 법조계 원로들이 대거 참여했다.

대선 전 최종 여론조사

이재명 44% 김문수 35% 이준석 12%
(최종 여론조사, JTBC 5월 28일)

내란 시국이라,
제 관심사는
김문수 득표율입니다.

1. 전국 득표율 30% 이하 가능할까?
2. 대구경북 득표율 50% 이하 가능할까?

박근혜의 시장 방문

'선거의 여왕' 박근혜, 31일 대구 서문시장
찾는다… 막판 보수 결집 나서나
(서울신문, 5월 30일)

박근혜 전 대통령(선거의 여왕?)이
대구광역시 중구에 있는 시장을
방문하는 것이

"보수 결집"과 어떻게 연결되는지

혹시 아시는 분?

대선 사전투표 마치고

오늘 사전투표 했습니다.[90]
어느 선거 때보다도 특별한 감정이
들었습니다.

윤 씨 정부와 내란을 통해,
대한민국을 수십 년 과거로 돌리려는
'반민주 시대낙오' 세력이
곳곳에 넓게 퍼져있다는 사실이 드러났습니다.

이번 선거를 새 출발점으로,
대한민국이 다시 세계의 미래를 선도하는
국가로
발돋움하길 바라봅니다.

---

90) 6.3대선의 사전투표가 5월 29일·30일 이틀간 실시됐습니다.

김문수 지지세력

○ 반공 세력:
'자유'(반공) 구호, 냉전 이념대결 집착

○ 친일 매국 세력:
'뉴라이트' 등, 일본 우파 역사관 추종

○ 유사 종교 세력:
전광훈당(자유통일당), 신천지 등

○ 내란 세력:
윤 씨 계엄 옹호·동조

시대 흐름에서 '낙오'됐거나,
상식 기반에서 '이탈'했거나….[91]

---

[91] '친일 세력'과 '반공(자유) 세력'은 일제강점기, 6.25 내전, 독재 정권을 거치며 성장해 지금까지 살아남은 '기존 세력들'입니다. 이번 대선에서 특이한 점은 (유사) '종교 세력'이 정치 전면에 등장했다는 것입니다.

사전투표 '부정' 믿는 사람들

지난 금요일(5월 30일) 끝난
대통령선거 사전투표의
'부정 의혹'을 제기하는 영상들에

'좋아요'가
수만, 수십만 달립니다.

선거 결과 나오면, 또 "부정선거였다"고
물고 늘어질 판입니다.

이들을 어찌해야 할까요?

6월, 7월

이승만 박정희 교육

초등생들에 "이승만·박정희 배우자"…
'늘봄교실'까지 노린 리박스쿨
(MBC, 6월 1일)

현대사에 큰 영향을 끼친,
'공과'(功過)가 뚜렷한 대통령들입니다.
열심히 배워야 합니다.

그러나 이들을 일방적으로 미화해,
특정 역사관을
주입하는 것은
'역사 왜곡'이자 '역사 쿠데타'입니다.

'역사 쿠데타'도
당연히 진압해야 합니다.

김문수 당선 믿는 사람들

"김문수 대통령, 설난영 영부인"
"주님, 이 나라 지켜주소서 김문수 대통령"….

6.3대선을 코앞에 둔 요즘
김문수 지지 인터넷채널 댓글들을 보면,
정말 김문수 당선 믿는 듯합니다.

'외부 세계'와 단절된 채
오직 '그 세계'에 갇혀 있습니다.

결과 나오면,
'부정선거'라 할 것입니다.

"주변이 모두 김문수인데, 어떻게 결과가
다르냐?" 할 겁니다.

'민주 시민' 자격 없는 사람들입니다.

6.3 방송3사 출구조사 결과

이재명 51.7% : 39.3% 김문수
(투표마감 직후 방송3사 예측, 6월 3일)

이재명의 안정적 당선 예상됩니다.
득표율 차이 12.4%포인트로,
적지 않은 차이입니다.

그러나 김문수 예상득표율 39.3%나 되는 점은
아쉽습니다.

실제 개표에서 35% 또는 30% 이하
나오길 바라봅니다.

이재명 당선!

낡은 이념에서 벗어난
'실용'과 '국익'의 정부,

혐오·분열 조장하는 무능 정치세력을
강력 진압하는
'유능'한 '통합'의 정부가 되길 바랍니다.

대한민국
'이재명 정부' 출범을
환영합니다!

김문수의 41.2%

41.2%, 예상 밖입니다.[92]
김문수 후보 수고하셨습니다.

그러나 대한민국의 '미래'와는
어울리지 않는 분입니다.

김 후보 지지한
내란 세력, 뉴라이트 세력, 사이비 종교 세력,
반공(자유) 이념 세력도
'과거'입니다.

이들에 대한 지지가 10% 이하 되는 날을
바라봅니다.

---

[92] 제21대 대통령 선거 최종 득표율: 이재명 49.4%, 김문수 41.2%, 이준석 8.3%, 권영국 1%, (선거일 6월 3일, 전국 투표율 79.4%)

대구, 김문수에 '몰표'

제21대 대선 대구광역시 득표율
○ 이재명 23.22% (전국 최저)
○ 김문수 67.62% (전국 최고)

6.3 아침부터 투표율 급상승해
국민들 불안케 한 대구,

혹시 '사전투표' 부정선거라 믿고,
열심히
'본 투표' 한 건가요?

'수오지심'(羞惡之心) 좀 갖기 바랍니다.[93]

---

[93] '수오지심'(羞惡之心): 사단(四端)의 하나. 의롭지 못함을 부끄러워하고 착하지 못함을 미워하는 마음 (다음 국어사전).

김문수 찍은 이유 '청렴?'

李 뽑은 이유 "내란종식·역량",
金 투표 이유 "청렴·李 싫어서"[갤럽]
(국민일보, 6월 6일)

'청렴' 그렇게 좋아하는 분들이
지난번엔
윤 씨 부부 정권 탄생의 '주역?'

'반국가세력' 대신 '평화'

"반국가세력" 사라진 연설…
거듭 '평화' 강조
달라진 현충일 추념식
(MBC, 6월 6일)

국민들 마음에도
'평화'가 찾아 왔습니다.

'특검' 통과됐으니,
'(진짜) 반국가세력'도 곧 사라질 것입니다.[94]

---

94) 민주당 주도의 3대 특검법(내란 특검, 김건희 특검, 채 해병 특검)이 6월 5일 국회 본회의를 통과했으며, 10일 이재명 대통령 주재 국무회의 의결을 거쳐 공포됐습니다.

'코리아 패싱' 레퍼토리

국힘서 李대통령-트럼프 통화지연 우려…
"코리아 패싱 신호인가"
(연합뉴스, 6월 6일)

국힘당은 '레퍼토리' 바꿀 수 없나요?

툭하면,
"코리아 패싱 우려", "한미동맹 우려"…
좀 지겹습니다.
국익에도 도움 안 됩니다.

이재명-트럼프 통화는
서두르지 말고,

'국익' 고려한 '최적의 시기'에 하기 바랍니다.

이재명-트럼프 통화

한미, 정상간 첫 통화에 온도차…
트럼프·백악관, 발표 아직
(뉴시스, 6월 7일)

이재명-트럼프 통화가 이뤄졌는데,
그 직전까지 국힘당은
"코리아 패싱" 운운하며
통화를 보챔으로써,

우리 정부의 대미 협상력을 약화시킬 수 있는
행동을 했습니다.

'정쟁'(政爭)을 하더라도,
'국익' 먼저 생각하는 자세가 아쉽습니다.

검사 출신과 정치 발전

홍준표 "국힘 태워야 할 집단, 정치검사
네놈이 나라·당·보수 거덜 내"
(문화일보, 6월 7일)

검사는 '법리 공격' 하는 직업,
'국가 운영'에 적합한 직업은 아니라 봅니다.

윤 씨는 검사출신의 국정 철학이
얼마나 '빈약'할 수 있는지 보여줍니다.

그럼에도 검사출신이 정치권에 많은 것은
'싸움'에 유리하기 때문입니다.
정치 발전할수록, 검사출신 적어지리라
생각합니다.

41.2%의 '충격'

41.2%
아직도 좀 충격입니다.

대한민국이

'민주정치'(民主政治)냐,
'중우정치'(衆愚政治)냐,
'갈림길'에 있습니다.

당분간은,
국민 50%가 여전히 책임을 떠맡고
가야 할 상황입니다.

'반공'과 '극우' 차이

'반공'과 '극우'는
다른 개념입니다.

'반공'은 말 그대로, '공산주의에 반대'하는
것입니다.
'극우'는 '극단적 자집단주의'로서,
자집단 우월의식을 갖고 타집단에
배타적입니다.

요즘 '뉴라이트' 성향 반공(자유)단체인
'리박스쿨' 등을
'극우'라 하는 경우 있습니다.

그러나 이들이
일본 우파 주장을 추종한다는 점에서,

오히려 우리나라 '진짜 극우'의 '척결
대상'입니다.

OX 문제

친일 극우세력 (X)
친일 세력 (O)

반공 극우세력 (X)
반공 세력 (O)

뉴라이트 = 극우 (X)
뉴라이트 = 친일반공 세력 (O)

극우 집회 (X)
전광훈당 집회 (O)

'미국 심기' 살피는 세력

한미정상 통화결과 공식발표 없는 美…
트럼프 행정부 '기류' 주목
(조선비즈, 6월 8일)

미국이 통화 하나 안 하나….
미국이 발표 하나 안 하나….

〈조선일보〉와 국힘당은
하루 종일
'미국 심기'만 살피고 있나요?

이승만 박정희 미화?

"1만 명에 이승만 교육"
윤석열 정부 내내 치밀하게 준비[95]
(JTBC, 6월 6일)

이승만 박정희,
한국 현대사에 큰 영향을 끼친,
'공과'(功過) 뚜렷한 대통령들입니다.

'일방적 미화' 시도 세력들 때문에,

오히려 이들 대통령에 대한
국민적 반감 더욱 커질 것 같습니다.

---

95) 친일반공 뉴라이트 성향의 '리박스쿨'이 윤 씨 정부 시절 "청소년 1만 명에게 이승만과 박정희를 가르치겠다"며 준비해온 정황이 드러났습니다.

모든 '유권자'가 '민주 시민'은 아니다

윤석열, 대선 뒤 첫 법정 출석…
지지자들 주저앉아 "대통령!"
(한겨레, 6월 9일)

누구나 '유권자' 됩니다.
민주주의 대한민국에 태어난 덕분입니다.

그러나 '민주 시민'은 아무나 되지 않습니다.
고민하고 성찰해야 합니다.

요즘 '민주주의' 누릴 자격 없는,
'그냥 유권자'들이

생각보다 많은 듯합니다.

민주당, 스스로 잘하길

이재명 정부 초기,

정부여당 사람들에 대해
이런저런 의혹이 제기되고,

일부는 책임을 지고
사퇴하기도 했습니다.

민주당,
'보수'가 '보수'가 아닌 정치현실의
최대 수혜자입니다.

'스스로 잘하는' 모습 기대합니다.

/ 6월, 7월

'TV조선'과 '밥 맛'

"TV조선 보는 식당
이용하지 않기 운동!"
(바꾼다TV, 6월 9일)

개인적으로,
〈TV조선〉 보며 식사하기 상당히 힘들긴
합니다.
'여야'의 문제 아니라, '수준'의 문제입니다.

윤 씨는 좋아한 모양입니다.
윤 씨 정부시절,
〈TV조선〉에 정부 광고 집중됐다 합니다.[96]

---

[96] 2024년 한 해에만 윤 씨 정부가 조선일보사에 광고비 명목으로 준 국가 예산이 200억 원이 넘습니다.

서울역~평양~모스크바 철도여행

모스크바-평양 직통 철도 17일 운행 재개…
8일 걸려
(연합뉴스, 6월 9일)

서울역 ~ 평양 ~ 모스크바 철도여행 상상해 봅니다.

오늘날 세계를 선도하는 대한민국,

산업화 민주화에 이은
마지막 국가적(민족적) 과제는
'통일 대한민국'입니다.

그 방법은 '반드시 평화적'이어야 합니다.

'TV조선'의 '죄'

검찰, '배임 혐의' 방정오 TV조선 부사장 재수사
(더팩트, 6월 11일)

'수준 미달' 패널들 불러다 놓고,

국힘당 편들기,
민주당 꼬투리잡기,
'진영 싸움' 부추기기,
여론 왜곡하기 등등….

'혹세무민'(惑世誣民)죄도 함께 물어야 할 듯합니다.

'찐 보수' 감별법?

국힘당 내부에서
"전두환 좋아하냐" 질문으로

자기들 기준 '찐 보수'를 가린다는 얘기
있는데….

사실인가요?

전두환 추종 인간들과 무리들,
'음지'에 있지 말고,
'커밍아웃' 바랍니다.

압구정동의 국힘당 지지

압구정동, 이번에도 압도적으로
보수 후보지지
(주간동아, 6월 15일)

보수 후보 (X)
국힘당 후보 (O)

20대 대선에서
윤 씨에게 무려 84.47% 몰아줬던
서울 압구정동이
이번에는 김문수에 77.90% 몰표 했답니다.

대한민국 부자들이
'부동산 졸부'들인 현실,

안타깝습니다.

대통령 G7회의 출국

"세계에 '민주한국' 복귀 알릴 것"…
'G7회의' 이 대통령 내일 출국
(MBC, 6월 15일)

제목이 왠지 짠하네요.
이 대통령, 수고 바랍니다.

윤 씨… (이하 생략).

미 워싱턴의 군사 퍼레이드

"This isn't North Korea. This is TRUMP'S AMERICA."
"이것은 북한이 아니다. 이것은 '트럼프의 미국'이다." (미 유튜브 영상제목)

많은 미국인들이 지난 토요일(현지시간 6월 14일) 열린 군사 행진에 어이없어 합니다.[97]

영상 댓글 중 하나
"Shame on those who voted for Trump."
(트럼프 찍은 인간들 부끄러운 줄 알라.)

미국인들도 힘내기 바랍니다.

---

[97] 미국 육군 창설 250주년을 기념하는 군사 퍼레이드가 수도 워싱턴에서 열렸습니다. 1991년 걸프전 승리 이후 34년 만에 열린 대규모 열병식에 미군 6700명이 동원됐으며, 우리 돈 약 615억 원이 들었답니다. 특히 이날은 트럼프 대통령 79번째 생일과 겹쳐 논란을 샀습니다.

"도로 경북당"

송언석 원내대표 선출에…
양향자 "도로 경북당으로 퇴행"
(노컷뉴스, 6월 16일)

국힘당 새 원내대표 송언석
경북 김천 출신, '친윤'이랍니다.[98]

'내란 동조하는 대구경북 당'인
국힘당 정체성 잘 보여줍니다.

국민 여러분은
국힘당에 '전국 정당' 모습 기대하다가
너무 스트레스 받지
않길 바랍니다.

---

[98] 내란 국면에서, 국힘당이 경북 출신 '친윤'을 원내대표로 뽑았다는 것은 윤 씨와 내란에 대한 국민적 분노를 전혀 반영하지 않은 것입니다.

'조선일보' 끊기

檢 총장에 웬 비화폰…
미묘한 시기 민정수석과 통화는 또 왜[99]
(동아일보 사설, 6월 17일)

검찰총장 범죄자로 몰기 시작,
왜 이리 폭력적인가
(조선일보 사설, 6월 17일)

국힘당,
혹시 '변화 의지' 있다면
우선 〈조선일보〉부터 끊기 바랍니다.

---

[99] 국가 기밀을 다루는 고위직에게 지급되는 비화폰이 윤 씨 정부시절 검찰총장에게 지급됐고, 검찰총장은 정치브로커 명태균 씨 의혹이 불거지던 2024년 10월 이 비화폰으로 대통령 민정수석과 통화한 것으로 밝혀져, 명태균 의혹을 수사하는 검찰이 비밀스럽게 대통령실과 의견을 나눈 게 아닌가 하는 의심을 사고 있습니다.

이재명-이시바 회담

이재명-이시바 첫 정상회담
"더 긴밀히 협력하자"… 셔틀외교 재개된다
(머니투데이, 6월 18일)

친일파들의
'한일관계'보다

훨씬 듬직하게 느껴집니다.

'백골단' 세력들

"리박스쿨 협력단체 간부들이 '윤석열 백골단' 조직"
"조선일보·국민의힘, 리박스쿨 협력단체 간부들 포함된 '백골단' 홍보"[100]
(뉴스타파, 6월 18일)

여보세요들~

지금
2025년입니다.

---

[100] 올 1월 탄핵 국면에서 윤 씨 체포를 저지하겠다며 출현한 이른바 '백골단'의 조직과 홍보에 리박스쿨, 국힘당, 조선일보 등이 관여됐다는 소식입니다.

신천지 불법 여부

이재명 정부, 신천지 불법행위 들여다본다
(노컷뉴스, 6월 19일)

응원합니다.

종교 활동의 '선을 넘어'
'나라 장악' 의도 보이는
사이비 종교 세력들에 대한 조사와 함께,

'뉴라이트' 등 '친일 반공(자유)' 세력들의
'국힘당'과의 이권 연결 여부도
철저히
들여다보기 바랍니다.

특검, 추가기소

내란 특검, 임명 6일 만에 김용현 추가기소…
"영장 발부 요청"[101]
(중앙일보, 6월 19일)

사람들을 군 벙커에 잡아 가두라니….
내란 뉴스는
볼 때마다 '충격'입니다.

검찰은 반성도 없는
주범들을 풀어주려 했습니다.

특검이 일단 막아서 다행입니다.

---

[101] 김용현 전 국방장관의 구속기간 만료가 6월 26일로 다가오는 상황에서, 특검이 추가기소와 추가 구속영장 발부 요청을 통해 석방을 막았습니다.

'김민석 의혹'의 '본질'

"새 정부 흔들어야 국힘당이 산다."

김민석 물고 늘어지는 '문제의 본질'은
('도덕성' 아니라)
'국힘당 생존 문제'입니다.[102]

스스로 변화하려 하지 않고,
상대방 흔들어 어떻게 해보려는 습성
버리질 않네요.

김민석 후보자, 응원합니다.

---

[102] 이재명 정부의 첫 국무총리로 지명된 김민석 후보의 '낙마'를 위해 국힘당이 "현금 6억 의혹" 등을 제기하며 공세를 펼쳤습니다.

미국, 이란 핵시설 '타격'

美, 이란 직접 타격 단행…
트럼프 "핵시설 3곳 성공적 공격"
(동아일보, 6월 22일)

'핵폭탄'을 실전에 사용한 유일한 나라
'침공'과 '전쟁'이 일상인 나라.

우리가 미국에 도움 받은 것 사실이지만,

미국은 한반도에서
무력사용 가능성
가장 높은 나라이기도 합니다.

대한민국이
한반도 '평화'와 '안보' 주도해야 합니다.

공안검사 3대

"공안검사 3대가 잘 살아… 피해자의 한 맺힌 절규"[103)]
(춘천MBC, 6월 20일)

박정희 전두환 시절,
'권력'은 곧 '돈'이었습니다.

그 '열매'를 따먹고 있는
후손들은
우리 사회에 최소한의 '도덕적 부채감'을
좀 갖고 살았으면 합니다.

---

103) 재산 2억 1500만원을 신고한 김민석 국무총리 후보자에 대해 "현금 6억" 의혹을 제기하며 공세에 앞장선 국힘당 주진우 의원(검사 출신)의 재산이 70억원 넘고, 그의 아버지는 전두환 시절 공안검사였다는 사실이 알려졌습니다. 주 의원의 미성년 아들은 7억원 예금을 소유했는데, 조부로부터 증여받은 것으로 알려지면서 '공안검사 3대' 논란이 일었습니다.

김민석의 '정치'

"정치는 약자의 눈으로
미래를 보는 것입니다."

국회의원회관 506호 김민석 의원실에 붙어있는
문구랍니다.

국힘당,
'강자'의 눈으로 '과거'를 보는
습성이 있는데

배울 것은 배우고,
고칠 것은 고치기 바랍니다.

북 핵개발 '팩트 체크'

"김대중 정부는… 북한의 핵 개발의 길을 열어줬고, 문재인 정부는… 북한의 핵무장을 사실상 완성시켰다."
(안철수, 경기일보 6월 22일)

북 핵개발은
스스로 한 것이고,

긴장 상태에서 핵개발 더 빨라지니,
민주당계 정부에서
'햇볕정책' 통해 저지 노력한 것이고,

국힘당계는
핵개발에 "강력 대응", "민주당 탓"만 하며
손 놓고 있었던 것!

국힘당이 '안보' 위해 하는 일?

국힘당,
한반도 안보와 평화 위해
대체 한 일이 뭐요?

오로지 "반공" "반북" "한미동맹" 외치며,
'안보 팔이'하는 집단 아니오?

잘하는 분야 없지만,
'외교 안보'는
특히 불안해서 볼 수가 없소.

새 정부 외교 시비 말고,
'실용 외교' 고민 바라오.

나토 안가면 큰 일?

"우리만 빠진다"던 국힘…
일본·호주 총리도 나토 안 간다는데?104)
(프레시안, 6월 23일)

'나토'(NATO)에 안가면
무슨 큰일 날 것처럼
여론 '호도'(糊塗)하는

국힘당과 언론,
'자중'(自重)하기 바랍니다.

---

104) 이재명 대통령이 6월 24, 25일 네덜란드 헤이그에서 열리는 '북대서양조약기구'(NATO) 정상회의에 불참 가능성을 내비치자, 국힘당을 중심으로 "우리만 왕따"라는 식의 비판이 나왔으나, 일본과 호주 총리도 불참할 계획을 밝혔습니다.

"독립군이 국군 뿌리"

이종찬 광복회장
"봉오동 전투 승리한 독립군 정신이
대한민국 국군의 뿌리"
(노컷뉴스, 6월 23일)

당연한 말씀!

김민석 국회 인사청문회 후기
(6월 24일 오전)

'물욕'(物慾) 없고,
공부 욕심 큰 것 같습니다.

정치인으로서 '국정 철학과 가치관'
기대 이상입니다.

친 국힘당 세력들이
시기하고 두려워할 만한
'판단력'과 '명석함' 가진 듯합니다.

"김민석 1명을 국힘당 107명과 바꾸지
않겠습니다."[105]

---

[105] 김민석 국무총리 후보자는 7월 3일 국회 본회의에서 임명동의안 통과된 뒤 바로 이 대통령에 의해 임명 재가됐습니다.

'6.25 내전' 75돌

중국 국공내전, 미국 남북전쟁,
영국 청교도 혁명….

근현대 이행 시기,
많은 나라들이 '내전' 경험합니다.

'구(舊) 체제' 무너지고 새 질서 탄생 과정에서
정치세력 간 이해충돌
불가피합니다.

오늘 6.25전쟁 75돌,
대한민국 '아직 내전 중'입니다.

"어떻게 '평화적'으로 끝내느냐",
우리 민족의
중대 과제입니다.

언론의 '본질 흐리기'

의혹·역량 검증 못한 편싸움…
왜 하나 싶은 인사청문회[106]
(서울신문 사설, 6월 25일)

언론이 국민의
'눈'과 '귀'가 되고
'사안'을 정확히 전달해야 하는데,

오히려 언론이
'사안의 본질'을 흐릴 때가 많습니다.

언론, 좀 노력하기 바랍니다.

---

[106] '시시비비'(是是非非)를 꼼꼼하게 가리려 하기보다, 정치권과 인사청문회를 싸잡아 비난하는 식의 '맹탕 사설'입니다. 언론이 독자들의 정치 안목을 키우기보다, 오히려 정치 혐오와 무관심을 부추기는 행태를 보이고 있습니다.

'기레기' 소리 나오는 이유

문형배 특강에 충돌…
"헌법 농단" vs "헌법 구현"
(채널A, 6월 25일)107)

〈채널A〉,
이게 '중립적'으로
보도할 사안인가요?

'기레기' 소리가 왜 나오는지
생각 바랍니다.

---

107) 윤석열 파면을 선고한 문형배 전 헌법재판관이 퇴임 이후 윤 씨 지지자들의 공격 대상이 됐습니다. 이 날도 울산 교사 대상 특강에 수십 명이 몰려가 구호 외치며 특강을 방해했다 합니다. 〈채널A〉는 문 전 재판관에게 비상식적 행동한 사람들을 비판하기보다, '중립'을 가장해 이들에게 힘을 실어주고 있습니다.

윤씨의 '고집?'

권오을, 尹정부 독립기념관장 임명 논란에
"참 고집 부리는구나 생각"108)
(한국일보, 6월 25일)

일제 식민지배 정당화하고
독립운동 탄압 논리(일본 우파 논리)를
추종하는
'뉴라이트'들을

역사 기관 곳곳에 포진시킨 윤 씨,

'고집'이 아니라
'정신 나간' 것입니다.

---

108) 권오을 국가보훈부 장관 후보자가 윤 씨 정부시절 '뉴라이트' 의혹을 받고 있는 김형석 독립기념관장 임명에 관해 의견을 밝혔습니다.

국힘당, 정치 왜 하나요?

3년 전 박수로 尹 맞은 민주당…
이재명 대통령에 침묵 지킨 국민의힘[109]
(머니투데이, 6월 26일)

명분도 없고
능력도 없고
상식도 없고
인물도 없고
품격도 없는
국힘당,

대체 정치를 왜 하는지 설명 부탁합니다.

---

[109] 이재명 대통령이 6월 26일 국회에서 첫 시정연설을 했는데, 민주당은 3년 전 윤 씨의 첫 시정연설을 박수로 맞았지만, 이날 국힘당은 팔짱을 끼는 등 침묵으로 일관했습니다.

한반도의 '대표 코리아'

북한은 '주적'(主敵)일 수도
있지만,
같은 '한민족'(韓民族)이기도 합니다.

북한과의 '체제 경쟁'은
오래 전 끝난 '과거'입니다.

현재 대한민국은
한반도의 '대표 코리아'입니다.

한반도 '미래'를 주도할
'민족적 책임'이

대한민국에 있습니다.

부동산과 '기레기'

"10억을 당장 어디서 구해요"…
마·강·동까지 '날벼락'[110]
(한국경제, 6월 27일)

문재인 정부 부동산 정책 실패
원인 중 하나가
'언론'입니다.

이재명 정부,
언론에 휘둘리지 말기 바랍니다.

---

110) 이재명 정부가 주택담보대출 강화 정책 내놓자, 언론들이 '10억 대출' 걱정하는 기사들을 내보냅니다.

한일회담 중단과 '뉴라이트'

"일본 식민지 지배로 조선이 발전했다"…
한일 회담이 중단된 이유
(프레시안, 6월 28일)

1953년 이승만 정부 시절
'문화재 반환' 한일 회담이
이른바 '구보타 발언'으로 중단됐다는
내용입니다.[111]

'뉴라이트'는
"일본이 맞는 말 했는데 왜 중단했느냐"고
이승만에 따지기 바랍니다.

---

[111] 1953년 10월 열린 한일회담에서 일본 쪽 수석대표인 구보타가 "산림녹화, 철도 건설, 논 개간 등 일본의 식민지 지배로 조선이 발전했다"는 취지로 발언해, 문화재 반환 문제를 비롯한 모든 교섭이 중단됐습니다. 이런 일본 우파 역사관을 우리나라 '뉴라이트'들이 추종하고 있습니다.

'조폭'보다 무서운 '언론?'

언론이 특정 세력을
맹목적 지지 또는 옹호한다면,
더 이상 '언론' 아닙니다.112)

특히 그 지지 옹호 대가로
광고 등 경제적 이득 챙긴다면
'이권 카르텔'입니다.

'조폭'과 다를 바 없지만,
사회에 '해악'(害惡)은 조폭보다 더 클
것입니다.

---

112) 언론이 '진영 싸움'의 '첨병' 구실을 하고 있습니다. 언론은 '진영'이 아니라, '상식'을 좇아야 합니다.

국힘당이 지지자만 보면?

송언석 "민주당, 지지자만 보는 정치…
협치 준비 덜 돼"
(한국일보, 6월 28일)

송 원내대표님,
민주당은 "지지자만 봐도"
'전국 정당'입니다.

국힘당은 "지지자만 보면"
'대구경북 당'이에요.

현실 좀 직시하시고,
(해산 전까지) '전국 정당' 노력하시기
바랍니다.

미 필라델피아 '좀비 랜드'

미국 필라델피아 켄싱톤 거리는
'좀비 랜드'라 불립니다.

노숙자, 마약중독자들이 마치 좀비들처럼
밤낮없이 널브러져 있습니다.

문제는 이런 상황이 비단 필라델피아만이
아니라는 것입니다.
'미국식 자본주의' 어두운 면입니다.

'대한민국이라면 과연 이 상태로 방치할까?'

우리의 장점 잘 지키는 것이
'진짜 보수' 역할입니다.

'조선일보'에 '공감'

'개혁 대상'들이 권력 쥐고 있으니
'개혁 의지 0점'
(조선일보 사설, 7월 2일)

"지금 민주당은 국민의힘을 국회에서 아예 없는 것처럼 취급하고 있다. 그래도 아무 문제가 없다. 야당의 견제 없는 정치는 독주로 흐르고 이는 나라에 해롭다… 영남 지역의 유권자들이 알량한 의원 자리를 지키려 개혁을 거부하는 지역 의원들에게 불벼락을 내려야 한다."

공감합니다.

〈조선일보〉 내부에도 "개혁의지 0점" 있는지 잘 살펴보기 바랍니다.[113]

---

113) 조선일보 내부에 '합리적 보수' 많아지길 바랍니다.

부산시민 '부글부글'

"이재명 못 찍은 것 후회"…
부산 시민들 부글부글 왜
(한겨레, 7월 2일)

해운대구 의회가 국힘당 주도로
해양수산부 '부산 이전 촉구' 결의안을
부결시켰답니다.

"부글부글" 할 만하네요.

그런데 부산 여러분,
다음부턴 '내란'에 더 "부글부글" 하기
바랍니다.

윤 씨의 '평양 무인기' 작전

"평양 무인기 'V' 지시라 들어"…
듣기만 해도 섬뜩한 '불장난'
(동아일보 사설, 7월 3일)

지난해 10월 우리 군의 무인기 평양 침투에, 북한이 "전쟁 날 수 있는 중대한 도발 행위" 반발했는데,

오히려 윤 씨는 "(박수치며) 너무 좋아했다"고 합니다.

그래서 "사령관이 또 하라고 했다" "11월에도 무인기를 보냈다. 무리해서라도 계속하려 하는구나 싶었다." (내란 특검이 확보한 현역장교 녹취록)

윤 씨, 뭐 이런….

"대화 단절은 바보짓"

李 "전쟁 중에도 외교는 해야…
대화 전면 단절은 바보짓"
(뉴시스, 7월 3일)

전쟁 중인 나라들 '협상' 소식
들려옵니다.
'전쟁 중에도 외교·협상' 너무나 당연한
얘기입니다.

국힘당은
평시에도 '대화단절 긴장고조'입니다.
잘못되면 "남 탓", "민주당 탓"합니다.

한반도 평화,
대한민국이 주도해야 합니다.

"도로 영남·친윤"

국힘당 이끄는 '당 3역'이
"도로 영남·친윤"이랍니다.

○ 비대위원장 겸 원내대표: 송언석(경북 김천)
○ 사무총장: 정점식(경남 통영고성)
○ 정책위의장: 김정재(경북 포항북구)

윤 씨 부부 '벼랑 끝'인데,
국힘당 '친윤'들 건재한 것도
놀랍네요.

'언더 친윤'

윤 씨 재구속 코앞인데,
국힘당 '친윤'들은 여전히 건재합니다.
보이지 않는 '언더 찐윤' 수십 명이 당을
움직인다 합니다.[114]

국힘당 밖의 '상식'이
국힘당엔 통하지 않습니다.

'대의'나 '명분' 아니라,
개인 '이해관계'로 똘똘 뭉친 집단인 듯합니다.

'공당'(公黨) 자격 없다 봅니다.

---

[114] "윤재옥·이만희·윤한홍·정점식… 3선 이상 중진인데, 대중들은 잘 모른다. 공개적으로 목소리도 잘 안 낸다. 그런데 우리 당을 실제로 움직이는 건 '쌍권'(권영세·권성동 의원)이 아니라 이들이다."(중앙일보 "국힘 막후 '언더 찐윤' 정체", 7월 12일)

이른 폭염

오늘(7월 8일) 낮 서울 최고기온이
37.9도입니다.[115]

정부는 적정 실내온도 26도를 권장합니다.
그런데 윤 씨 대통령실은
다른 공공기관과 달리,
담요 필요할 정도로 에어컨이 셌었다 합니다.

윤 씨, 내일부터 에어컨 없이 생활할 것
같은데….[116]

모두들 폭염 주의하시기 바랍니다.

---

[115] 1908년 기상 관측 이래 7월 상순 기온으로 역대 최고를 기록했습니다. 9월 1일 기상청 발표로는, 2025년 여름(6월 1일 ~ 8월 31일) 전국 평균기온이 25.7도, 일 최고기온 평균 30.7도로, (전국 기상관측망 확충돼 기상기록 기준점이 되는) 1973년 이후 최고기록을 보였다고 합니다.

[116] 내란 특검이 윤 씨 구속영장을 청구해, 7월 9일 오후 서울중앙지방법원의 구속영장 실질심사를 앞두고 있는 상황입니다.

윤 씨 재구속이 '무리수?'

내일 두 번째 尹 영장 심사…
"구속 필요" VS "무리수"
(연합뉴스TV, 7월 8일)

부하들 다 구속 상태인데,
우두머리 구속이
"무리수"라고요?

언론들,

'중립' 또는 '균형'을 가장해,
'비상식' 주장에
힘 실어주는 행동
언제까지 계속할 건가요?

트럼프, 방위비 100억 달러?

트럼프 "한국, 자국 방위비 부담해야… 美에 너무 적게 지불"(연합뉴스, 7월 9일)

트럼프가 1년 100억 달러(약 13조7천억 원) 언급했다 합니다.[117]

미국의 '동아시아 전략'에 따른
주한미군 주둔을
마치 '무료 봉사'한 듯 얘기합니다.

'한미동맹' 중요하지만,
'이념'이 되어선 안 됩니다.

미국 패권의 쇠퇴기,
유연한 안보 전략 필요합니다.

---

[117] "미국을 다시 위대하게"(Make America Great Again; MAGA·마가)를 외치고 있는 미국의 트럼프 정부가 동맹국들에 터무니없는 방위비 분담금을 요구해 반발을 사고 있습니다.

'보수' 사칭 '박정희 팔이'

1970년대 박정희는
"자주 국방" 외치며
'중화학 공업' 육성했습니다.

50년 뒤,
현재 대한민국 군사력
세계 5위입니다.

이런데도, "한미동맹" 외치며 미국에 의존만
하려는 자들이
'보수'를 사칭하며
'박정희 팔이'를 합니다.

이들이 박정희 '발꿈치'라도
쫓아갔으면 좋겠습니다.

종교의 가치

이 대통령, 종교 지도자들과 오찬…
"포용 세상 될 수 있게 역할 기대"
(SBS, 7월 9일)

종교의 가치는
'인류애'와 '생명 존중'이라 봅니다.

'사랑'과 '자비', '포용'
설파해야 합니다.

사이비 종교의 '독단'과 '아집'이
도를 넘고 있습니다.
'혐오', '갈등' 부추깁니다.

'종교'는 권장하되,
'사이비'는 막아야 합니다.

윤 씨 재구속

방금(7월 10일 새벽)
윤 씨 재구속 됐습니다.[118]

나라야 어찌되든
뻔뻔하게 거짓말하는 모습,
극렬 지지자들 선동하는 모습,
부하들에게 책임 미루는 모습에서,

대통령의 '도의'나 '품위'는커녕,
매우 '이기적'인 인간의 모습을 봤습니다.

오래오래
교정시설에서 반성하기 바랍니다.

---

[118] 내란 우두머리 등 혐의로 지난 1월 구속된 윤 씨는 지난 3월 법원의 구속취소 청구 인용으로 풀려나 불구속상태로 있다가 이날 특검에 의해 약 4개월 만에 재구속됐습니다.

자랑스러운 민주 시민들

돌이켜 보면,

군·경 등 국가 무력기관이 주도한
'친위 쿠데타'를
막아내고,

정부·여당 등
국가 권력기관이 방해한
내란세력 진압까지….

결코 '쉽지 않은' 일들을
대한민국의 '민주 시민들'은
해냅니다.

대단하고 자랑스럽습니다.

부동산으로 '한탕?'

"갭 투자로 20억 벌어" 딴 세상 강남…
강원·충북도 수익률 '대박'
(머니투데이, 7월 10일)

인간생활 기본인
'의식주'(衣食住)로
'장난치는' 사회 되어선 안 된다 봅니다.

서울 부동산이
'투기 수단'된 지 오래입니다.

'한탕' 성공한 '부동산 졸부'들
강남에 넘쳐 납니다.

대책 시급합니다.

'똘똘한' 집, '비실비실한' 집?

세금이 집값 양극화 부채질…
서울 똘똘한 한 채 비과세, 지방 2채 과세
(중앙일보, 7월 10일)

"똘똘한 한 채"
이런 말 있는 것 자체가
부동산 시장에 대한 '모독'입니다.

서울 강남 집은 "똘똘"하고
지방 집은
"비실비실" 합니까?

관계 당국은
이런 말에 아무런 생각 없나요?

언제까지 손 놓고 있을 겁니까?

국힘당과 '전시작전권'

국민의힘, 李 전작권 전환 협의에
"북중러에 군사주권 내주겠다는 것"
(조선일보, 7월 11일)

세계 5위 군사력 '국군'의
전시 작전통제권을
우리가 가져오는 것이

"북중러에 군사주권 내주는 것"이라고?

국힘당,
언제쯤 '말 되는 소리' 할 거요?

국힘당은 누구 편?

국민의힘이 11일 이재명 정부를 향해
"전시 작전 통제권(전작권)을 들고 나온 건
엉뚱하다"며 "관세 협상 실패 시 책임을
미국에 돌리기 위한 반미 감정 몰이 사전
작업이 아니길 바란다"고 지적했다.
(이데일리, 7월 11일)[119]

국힘당에 두 가지만 물읍시다.
○ 이재명 정부의 관세 협상 성공 바라오,
실패 바라오?
○ 대미 협상에서 우리 정부 편이오, 미국
편이오?

---

[119] 트럼프 미국 대통령이 각 국의 대미 수출품에 대한 '관세 인상'을 무기로 거액의 대미 투자를 요구하고 있어, 우리나라를 비롯한 세계 각 국이 미국과의 유리한 '관세 협상'을 위해 노력 중인 상황입니다.

전시작전권 문제

전쟁 때 우리 국군의 지휘를
미국이 맡게 돼 있는데,

이때 미국은 자신들 이익 우선할까,
대한민국 이익 우선할까?

미국이 우리를 대신해
우리 이익 위해
싸워줄 것이라는 '믿음'은
대체 어디서 오는가?

미국에 우리 운명을 맡기는 게
'안전하다'는 발상은
대체 언제까지 가야하는가?[120]

---

[120] 전작권 환수를 다음과 같은 이유로 반대한다고 합니다(머니투데이, 7월 11일): △트럼프의 동맹 경시 우려 △북핵 시설 정찰 위성 부족 △유사시 포탄 비축량 부족. 세 가지 모두 별로 설득력 없습니다.

미국의 분단 책임

미국은 한반도 분단에 책임 큽니다.

1945년 8.15광복 직전 미국은 38선을 그어,
그 이북을 소련이 점령하도록 함으로써
남북 분단의 단초 제공했습니다.

'성조기 무리들' 탓인지,
요즘 트럼프가 무려 9배의 방위분담금
요구한답니다.

38선,
미국(또는 외국)의 '한계' 보여주는
'분단선'입니다.

대국민 협박 안보

"전시 작전권 환수하면 미군 철수할 것"이라는
'대국민 협박'을
일부 정치인들이 하고 있습니다.

정작 미국은
"주한미군 철수"를 언급한 적도,
이를 '전작권 환수'와 연계시킨 적도 없습니다.

안보와 평화 관련해,
아무런 대안 없이
"대북 강경대응" "한미동맹"만 외쳐온 자들이

'대국민 협박' 외에
한 일이 뭔가요?

또 "한미일 균열" 운운

점점 단단해지는 北·중·러 결속,
韓은 미·일과 다른 목소리
(조선일보 사설, 7월 14일)

민주당계 정부만 들어서면
〈조선일보〉는

"한미동맹 이상 조짐",
"한미일 협력 균열",
"코리아 패싱" 운운하며,

'안보 불안감' 조성합니다.

좀 지겹습니다.

"북한은 주적 아니다"

국민의힘 공세 맞받아친 정동영
"북한은 주적 아냐"
(오마이뉴스, 7월 14일)

북한은 '주적'일 수도,
'동포'일 수도 있죠.
(국가든 개인이든 '정체성'은 1개 아니라,
다양합니다.)[121]

통일부 장관은
'동포' 측면 강조해야 한다고 봅니다.

북한을 오직
'주적'으로만 보려는 국힘당,
생각 넓히기 바랍니다.

---

[121] 개인의 정체성은 집에서는 아빠(엄마)일 수 있고, 회사에 가면 과장(부장)일 수 있고, 축구 동호회에 가면 수비수(공격수)일 수 있고… 상황에 따라 다양합니다.

국가보훈부 장관 후보자 인사청문회
(7월 15일)

○ 김용만 의원:
'1948년 건국절' 논란에 대한 생각은?

○ 권오을 후보자:
1948년 이승만 대통령 취임사에도 '대한민국 30년' 이렇게 나옵니다… (상해)임시정부, 그 다음에 군정 거쳐서 정식정부… 국호 대한민국은 1919년. 저는 이렇게 정리하고 있습니다.

(1948년 건국 주장하는) 친일반공
'뉴라이트'들이
이승만 박정희 '발꿈치'도
못 따라간다는 점

잘 보여주는 답변입니다.

부정선거 음모론

모스 탄, 서울대 정문서 또 '부정선거 음모론'…
계엄 옹호하며 "尹 만날 것"[122]
(한국일보, 7월 15일)

시내 곳곳에도
"6.3대선 중국공산당 개입" 현수막이
붙어 있습니다.

이 정도면,
민주주의가 허용하는 선을 넘은 것 아닌가요?

---

[122] 국내 '부정선거' 음모론자들 집회에 미국의 '음모론자'까지 합세했습니다.

민주당 독주체제 불가피

혁신당 "법무부, 국힘 정당해산청구 촉구…
통진당보다 심각"
(뉴스1, 7월 16일)

국힘당 해산 뒤,
일본 자민당 장기집권 사례처럼[123]

민주당 독주체제가
당분간 불가피한 상황이라 봅니다.

---

[123] 1955년 일본 '자유당'과 '민주당'의 연합으로 탄생한 '자유민주당'은 이후 보수 정치를 근간으로 일본 정치를 지배해 왔습니다.

77돌 제헌절

77년 전 오늘(1948.7.17)
대한민국 첫 헌법이
이승만 초대 국회의장 주도로
공포됐습니다.

1919년 대한민국 임시정부
출범 이후,
29년 만의 일입니다.

남북 분단이 현실화하며,
38선 이북 지역
포괄 못한 '한계' 있습니다.

격동(激動)의 시대
나라 위한 선조들의 '고단함'에 대해
생각해 봅니다.

일본 참의원 선거

쏙쏙 넘어가는 자민당 텃밭…
18년만 與과반 무너지나
(이데일리, 7월 17일)

오는 20일 일본 참의원(상원) 선거인데,
집권 자민당 상황이 안 좋답니다.

'일본인 퍼스트', 반(反)세계화, 외국인 유입
규제, 자학사관 철폐 등을 내세운
극우 '참정당' 등이 약진 중이랍니다.

우리 정치 특이점이
'극우정당' 없다는 것입니다.

'친일 매국' 세력이
'극우'라 잘못 불리고 있습니다.[124]

---

[124] '내란 지지'하고, '빨갱이 타령'하고, '일본 우파 주장' 따르는 게 '극우'가 아닙니다.

통일교 300만 표?

권성동 "300만 표 있다"…
통일교가 다리 놓은 '윤석열-펜스 만남' 주도
(한겨레, 7월 18일)

특검이
윤 씨 부부 - 권성동(친윤) - 통일교 간
연결 캐고 있답니다.

300만 표,
혹(惑)할 만합니다.
그러나 표만을 좇는다면 '정치꾼'입니다.

'정치인'은
올바른 '가치' 좇아야 합니다.[125]

---

[125] 권성동은 2022년 대선을 앞두고 통일교 쪽으로부터 불법 정치자금 1억 원을 받은 혐의로 9월 16일 김건희 특검에 의해 구속됩니다.

국힘당의 '표 계산'

김재원 "전한길 퇴출?…그러면 뜻 같이하는
10만 명도 퇴출시켜야 하나?"[126]
(JTBC, 7월 18일)

전한길 10만(?),
통일교 300만,
신천지 수만….

'보수' 내걸고
'표 계산' 하며
뒤로는 개인 잇속 챙긴 국힘당,

'자승자박'(自繩自縛)이오.[127]

---

[126] 12.3 계엄 이후 한국사 강사 출신인 전한길이 윤씨 지지 집회에서 과격 발언과 선동 등으로 국힘당의 중심인물로 떠올랐습니다.
[127] 제 줄로 제 몸을 옭아 묶는다는 뜻으로, 자신이 한 말과 행동으로 말미암아 자신이 구속되어 괴로움을 당하게 됨을 이르는 말 (다음 국어사전).

신세계 회장 또 "멸공"

신세계그룹 정용진 회장,
SNS 통해 또 '멸공' 언급
(연합뉴스TV, 7월 18일)

정 회장 주변엔
공산주의자들이 많나 봅니다.

1960년대도 아니고,
2025년 대한민국에서
'멸공'이 중요 현안인가요?

'반공 망상증' 부추기는 행동을
최고 기업가가 하는 것 같아
안타깝습니다.

김문수의 '리박 팔이'

김문수 "이승만 있었다면 무기력한 셔셔 외교 없었을 것"
(뉴시스, 7월 19일)

이승만 초대 대통령은
1948년 취임식에서
'대한민국 30년'이라며,
1919년 임시정부와 대한민국의 존재를 분명히 했습니다.

김문수, "일제강점기 국적이 일본"이라 합니다.
이승만 전 대통령이
절대 동의하지 않을 것입니다.

'리박 팔이' 막아야 합니다.[128]

---

128) 이승만 박정희 두 전직 대통령도 결코 동의하지 않을 '이상한' 역사관을 들고 나온 '뉴라이트.' 이들이 '리박 팔이' 하고 다니는 것은 두 전직 대통령에 대한 '모독'이자 '코미디'입니다.

북한은 공산주의 아니다?

마르크스의 '공산주의'는
'계급 없는 사회'(classless society)입니다.
모두가 평등한 '이상(理想) 사회'이지요.

이렇게 보면, 북한은
'공산주의'와 거리가 멉니다.

북한을 '수령 아버지' 모시는
'가부장적 전체주의'로
보는 시각도 많습니다.

'반공' '멸공' 외치는 분들,
참고하기 바랍니다.

조용히 사세요

'당대표 출마' 김문수
"전한길 수용해야… 쪼개지는 혁신은 자해"
(뉴스1, 7월 20일)

김문수 님,
저 먼 '과거 세력'입니다.

41%에 도취하지 마시고,

본인을 위해
나라를 위해
조용히 사실 것 추천 드립니다.

"왜 아멘 안 하지?"

해병 사단장 구명로비 의혹으로
특검 수사 받고 있는
김장환 목사 설교 내용입니다.

"'사단장을 살려주라'고 그랬으면 내가 당연히
해야 할 일이야. 나는 기도해 준 죄밖에 없어.
그게 대한민국의 위법이라면 공산당 나라보다
더한 나라예요. 왜 아멘 안 하지? 〈아멘〉"
(MBC, 7월 20일)

대한민국 개신교 수준
이 정도입니까?[129]

---

129) 일부 '수준 미달' 개신교 목사들의 '편견'과 '아집'이 하나님을 빙자해 전파되고 있습니다. 개신교가 과연 '종교 본연의 모습에 얼마나 가까운지' 내부의 성찰과 고민 바랍니다.

이승만 박정희 평가 문제

이승만 박정희,
분명한 '공과'(功過)가 있는 두 전직
대통령입니다.

어찌됐든, 대한민국의 기반을 다진 분들입니다.

일방적 '매도'하는 것도,
일방적 '찬양'하는 것도
역사 왜곡입니다

둘에 대한 평가를
특정 세력이 '독점'해선 안 됩니다.

건강한 보수란?

건강한 보수는
'점진적 개혁' 추구합니다.

변화와 개혁을 '거부'하거나,
과거의 '잘못된 것'에
'집착'하는 것 아닙니다.

작금의 국힘당 상황은
자칫 '보수'가 변화 거부한 채
과거에 '집착'할 때
어떻게 되는지 보여 줍니다.

'건강한 보수'의 부상 바라봅니다.

통일교의 국힘당 입당

통일교 '조직적 국힘 입당' 시도 확인…
"은밀히 원서 돌려"
(한겨레, 7월 22일)

통일교,
신천지,
전광훈당,
일부 개신교,
뉴라이트 등이 탐낸 국힘당….

혹시 국힘당을 노린
'조폭'은 없는지 조사 바랍니다.

국회의장 경호대장 증언

국회의장 월담 도운 경호대장이
경찰 전화 안 받은 이유 "위치 보안이 우선"
(한겨레, 7월 23일)

계엄 당일 국회의장 경호대장(경감)이
의장을 피신시키며,

"'서울의 봄'처럼 군인들 박차고 들어와도
여기서 담담히 맞서야겠다고 생각"
증언했답니다. (내란 재판)

기사를 읽으니,
12.12 때 특전사령관 비서실장
김오랑 소령(중령)이 떠오르네요.[130]

---

130) 1944년 경남 김해 출생, 1969년 육사 25기 임관. 1979년 12.12군사반란 때 정병주 특전사령관을 지키며 반란군과 교전 중 전사. 1990년 1계급 특진해 중령 추서됐고, 2014년 보국훈장 삼일장에 추서됐습니다.

국힘당 45명 '내란방패'

박찬대 "내란방패 국힘 45명 제명 촉구…
안되면 정당해산 신청"
(뉴스1, 7월 25일)

강대식, 강명구, 강민국, 강선영, 강승규,
구자근, 권영진, 김기현, 김민전, 김석기,
김선교, 김승수, 김위상, 김은혜, 김장겸,
김정재, 김종양, 나경원, 박대출, 박성민,
박성훈, 박준태, 박충권, 서일준, 서천호,
송언석, 엄태영, 유상범, 윤상현, 이달희,
이상휘, 이만희, 이인선, 이종욱, 이철규,
임이자, 임종득, 장동혁, 조배숙, 조은희,
조지연, 정동만, 정점식, 최수진, 최은석

남북한 '격투기 링' 설치

김여정 "韓과 마주앉을 일 없어…
李, 전임자와 다를 바 없어"
(연합뉴스, 7월 28일)

북쪽의 '반민족 대결주의자들'과
남쪽의 '반민족 대결주의자들'을

격투기 링 안에 넣어놓고
서로 죽도록 싸울 기회를 주는 건
어떨까요?

'통 큰 결단' 바랍니다

김정은, '7·27' 앞두고 신천계급교양관 시찰…
"최강 자위력 키워야"
(연합뉴스TV, 7월 26일)

김 위원장님,

'체제 경쟁' 오래 전 끝났습니다.

'한반도 평화'를 위해,
'민족'을 위해

'통 큰 결단' 바랍니다.

장동혁의 '착각'

장동혁 "탄핵 찬성 안 했다면,
윤석열 아닌 이재명이 서울구치소에 있을 것"
(MBC, 7월 28일)

국힘당 대표감이네요.
추천합니다![131]

(근데 윤 씨 탄핵 안됐으면,
국힘당은 국민들 손에 공중 분해됐을 것
같습니다.)

---

131) 실제로 장동혁은 8월 26일 국힘당 전당대회에서 김문수를 2천여표 차이로 누르고 당 대표로 선출됐습니다.

신임 장관의 군 골프 해제

안규백, 군 장병 골프운동 정상화 지시…
계엄 이후 약 8개월 만
(뉴시스, 7월 29일)

병사들 고생하는데
고급 장교들 골프치고 다니는 것
좋아 보이지 않습니다.

비 군인 출신 장관으로서
군 기강 확립과 개혁 과제 등 많을 텐데

취임하자마자
골프부터 푸는 게
자신감 표현인가요, 순진한 건가요?[132]

---

[132] 골프 치며 '사교 활동'하는 군인들보다, 장병들과 '동고동락'(同苦同樂)하며 묵묵히 임무 수행하는 군인들이 대우받는 군 문화 만들어주기 바랍니다.

윤 씨, '10만원 손해배상' 항소

尹측, '시민들에게 계엄 손해배상 10만원' 판결 불복해 항소[133]
(노컷뉴스, 7월 29일)

오늘(7월 30일)이 '중복'(中伏).

'삼복더위'에
질척거리는 뉴스네요.

국민들 '마음고생' 비하면,
10만원 턱없이 적습니다.

1심 법리가 최종심까지 유지되길 바랍니다.

---

[133] 지난 25일 서울중앙지법 민사2단독 이성복 부장판사는 시민 104명이 12.3 계엄 사태로 정신적 피해를 입었다며 윤 씨를 상대로 낸 1인당 10만원 손해배상 청구 소송에서 원고 승소 판결했습니다.

35%의 '사리판단' 능력

한미관세협상 "트럼프 책임 커" 55.6%…
"이재명 정부 책임" 37.5%
(프레시안, 7월 30일)

이게 어떻게 이재명 정부 책임이라
생각할 수 있는 거죠?

국민 35~40% 정도가
'사리판단'(事理判斷) 못하는 상황으로
보입니다.

심각합니다.

대미 관세 낮추는 '값'

韓, 美에 630조 선물 풀고 상호·車관세 15%로
낮춰…"2주 내 한미 정상회담"
(아시아경제, 7월 31일)

대미 상호관세 25% → 15%
낮추는 대가가
630조원(약 4500억 달러)이라….

EU·일본과 비슷한 조건으로
트럼프 요구를
다 들어준 셈인데,

미국, 이제 '떼 부자' 되나요?[134]

---

[134] 당시 협상에서 우리 정부는 일단 '대세'(大勢)에 따랐던 것으로 보입니다. 그러나 이후 미국 쪽과 계속 협상을 벌여 10월 경주 APEC 정상회의 트럼프 방한을 계기로 '대미 투자 연 상한액 200억 달러' 등을 내용으로 한 최종협상 타결 소식을 전합니다.

8월, 9월

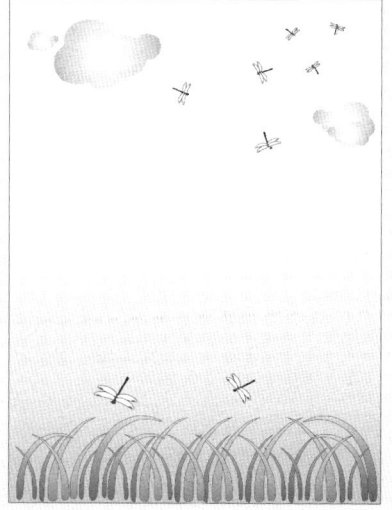

캐나다 파이팅!

트럼프, 캐나다 상호관세 25%→35% 상향…
"무대응·보복에 조치"
(뉴스1, 8월 1일)

○ 대미 수출의존도(헤럴드경제 7월 27일):
- 대한민국 18.8%
- 일본 20.0%
- 캐나다 76.4%

캐나다 수출에서
미국 비중 압도적인데,
'일방성'에 맞서고 있네요.

향후 추이 궁금하고,
일단 "캐나다 파이팅!"입니다.

윤 씨 속옷 저항

정성호 법무
"윤석열, 특검이 체포 시도하자 옷
벗어…참으로 민망"135)
(경향신문, 8월 1일)

이런 자가
검찰총장 거쳐 대통령까지 하는
대한민국 정치 현실.

이런 자를
대통령 만든 세력이
국힘당 비롯해 사회 곳곳에
자리 잡고 있다는 사실.

---

135) 서울구치소에서 특검 출석 조사를 완강히 거부하고 있는 윤 씨에 대해 특검이 체포영장을 발부받아 조사실로 데려오려는 상황입니다.

'노란봉투법' 두 사설

외국기업들 노란봉투법 반발, 여기선 그래도
된다는 건가
(경향신문 사설, 7월 31일)

"한국서 철수할 수도" 미·유럽 기업
'노란봉투법' 반발
(조선일보 사설, 7월 31일)

유럽 등에서 인정하는 노동자 권리를
한국 적용하는 것에,
외국기업들이 반발한답니다.

〈경향〉은 이를 '이중 잣대'라 비판,
〈조선〉은 외국기업 편에서
'대국민 협박'하고 있습니다.

정청래 민주당 대표 선출

李정부 첫 여당 대표에 정청래…
"내란 척결에 총력"136)
(뉴시스, 8월 2일)

정청래 대표님, 축하합니다.

박찬대 후보는
미래를 위해 아껴둔 재목(材木)이라 봅니다.

민주당의 성공이
대한민국의 성공입니다.

'정청래 호'의 앞날을 응원합니다.

---

136) 8월 2일 경기 고양시 킨텍스에서 열린 민주당 전당대회에서 정청래 후보가 득표율 61.74%로, 38.26%를 얻은 박찬대 후보를 누르고 당 대표에 선출됐습니다.

'광우병 괴담'의 진실

광우병 괴담 앞장선 민주당,
美서 소고기 가리지 않고 먹었다
(조선일보, 8월 3일)

당시 '광우병' 우려 세계적으로 있었고,

실제 우리나라는
미국에서 광우병 발병 이후
미국산 소고기 수입 금지했는데,

2008년 이명박 정부가
갑자기 미국 소고기 수입 전면 허용하자,
전 국민적으로 우려와 항의 일었던 것.

〈조선〉, 이게 '광우병 괴담'이오?

관세 깡패

트럼프, 스위스 대통령에 '격노'…
통화 몇 시간 뒤 39% 관세 폭탄
(연합뉴스, 8월 3일)

음…

전 세계가
그간 합의 취소하고

미국에 상호관세 100%로
공동대응하면
어떨까요?

내일이 '말복'

8월,

무더위 물러가는 계절이지만,
한편으론 여름 끝나고….

여름 끝나면,
올 한 해도 금방일 것 생각에
왠지 아쉬워지는 달이기도 합니다.

어제(8월 7일) '입추'(立秋),
내일(8월 9일) '말복'(末伏)이네요.

막바지 더위 '즐기시기' 바랍니다.

80년 전 일본 '피폭'

오늘 8월 9일.

미국의 원자폭탄이
1945년 8월 6일 히로시마에 1발,
8월 9일 나가사키에 1발 투하됐습니다.

핵폭탄이 실전 사용된
'유일한' 사례입니다.

수십만 명이 무차별 희생됐습니다.

핵무기는 '군사적 무기' 아닌,
'인간성(휴머니티)에 대한 무기'라 하는
이유입니다.

좀더 '착한 세상' 꿈꿔 봅니다.

'카미카제'와 일본 역사관

1945년 미국 전함들이
오키나와를 포위하자,
일제는 '카미카제' 자살공격을 계획합니다.

일제는 "나라를 구하자"며 일본 전역에서
'자원자' 모집하고,
각 마을별로 '자원자 현황' 확인하며,
젊은이들을 '사실상 동원'합니다.

8.15를 앞두고
NHK가 카미카제 대원 유족 인터뷰 등 통해
일제를 비판합니다.

아직까지 일본 주류 역사관은
'반성'과 '참회'인 듯합니다.

'카미카제' 기록의 해석 문제

1945년 일제가 '카미카제' 자살공격 대원
모집할 때,

각 마을 '자원자'들의 의지를
각각 '열망'(熱望), '망'(望), '부'(否)
3개로 나눴는데
기록상으로는 '망'이 대부분이었다고 합니다.

일본 학자들은
"당시 분위기상 '부'를 사실상 '망'으로
표기했다" 해석합니다.[137]

일제의 기록을 '있는 그대로' 해석하면
안 되는 이유
'뉴라이트'들, 알겠소?

---

[137] 젊은이들의 자원 의지가 '부'인데도, 일제 담당자는 '망'으로 기록해 마치 자원 의지가 있는 것처럼 보이게 했다는 것입니다.

북한은 "가부장제 국가"

미국 뉴욕타임스(NYT)가
김정은의 딸 김주애를 집중 조명하며,

"만약 후계자로 지명된다면
고도로 군사화 된 가부장제 국가이자
핵보유국인 북한을 통치하는 최초 여성이 될 것"했답니다.
(서울신문, 8월 10일)

미국 언론도 북한을 "가부장제 국가"로
규정하고 있네요.

"반공" "멸공" 외치는 분들,
참고 바랍니다.

그나저나,
21세기에 '가부장제 국가'라….

"생각이 짧다는 것"

"배움이 짧은 건
결코 조롱의 대상이 아니지만
생각이 짧은 건
삶에 대한 무지입니다!"[138]

(유튜브 namas******님 댓글)

---

138) '사실관계'에 관심 전혀 없고, 믿고 싶은 대로 믿고, 생각하고 싶은 대로 생각하는 사람들이 적지 않습니다. "생각이 짧은데도" 배우고 고치려 하지 않고 자신만의 '아집'에 집착하는 태도에 대한 지적입니다.

윤 씨 부부 구속과 검찰

전직 대통령 부부가 함께 구속 상태입니다.

윤 씨 부부 혐의들 보면,
대한민국을 자신들의 지배 아래 있는
'무법천지'(無法天地)로
여겼던 것 같습니다.

검찰이 제 구실 하고 있었다면
여기까지 오지 않았을 것입니다.

특검의 윤 씨 부부 구속이
검찰 개혁의 필요성
일깨워 줍니다.

'불신' 1위 언론의 '영향력'

연합뉴스 신뢰도 1위…
조선일보, 영향력·불신 5년 연속 1위
(기자협회보, 8월 13일)

현직 기자들 대상 조사에서,
〈조선일보〉는
'가장 불신하는 언론사' 1위이면서,
'영향력'도 1위로 꼽힙니다.

가장 '신뢰'받는 언론사가
'영향력'도 1위인
사회였으면 좋겠습니다.

정당 보조금

선관위, 7개 정당에 3분기 보조금 130억
지급… 민주 58억·국힘 54억
(KBS, 8월 14일)

민주당과 국힘당에 주는
보조금이

분기에 각 50여억 원이니,
1년 각 200억 원이 넘네요.

당원들 당비도 있을 텐데
좀 과하지 않나요?

안중근의 '선견지명'

'긴 탄식 한마디로 일본을 먼저 弔喪'…
안중근 유묵, 115년 만에 고국 품으로
(동아일보, 8월 14일)

'長歎一聲 先弔日本'
(긴 탄식 한마디로 일본을 먼저 조문한다)

1910년 안중근 의사가
중국 뤼순감옥에서 순국 직전 남긴 '글씨'
내용입니다.

그로부터 35년 뒤 일제의 패망.

안 의사의
'선견지명'(先見之明)이 놀랍습니다.

'반쪽' 아닌 '3분의 2쪽'

오늘(8월 15일) 열리는
'대통령 국민 임명식'에
국힘당과 친 국힘당 사람들이 불참한답니다.

일부 언론이 "반쪽 임명식"이라 합니다.

국민 35%가
국힘당의 '맹목적' 지지자입니다.
여권의 '통합'이나 '협치' 노력과 무관합니다.

이렇게 보면, 오늘 '국민 임명식'은
'반쪽' 아니라,
'3분의 2쪽' 정도 행사이고,
예상됐던 일입니다.

성공적 개최 응원합니다.

광복 80돌

"옛적에는 이왕에 일본은 한국의 개화를 배워 간 나라이라.
신도(神道)는 신라의 선사에서 수습하여
만들어 낸 것이요, 유교와 불교는 백제에서
수입해 간 것이요, 기타 공업과 미술도 모두
한국에서 배워 간 것인즉,
지금 일본의 무력이 아무리 혁혁하여도 한인의
눈에는 일본을 멸시하야 대적할 마음은 있으되
굴복할 뜻은 조금도 없나니…."
(대한매일신보, 1910년 1월 7일)

오늘 광복 80돌,
대한민국의
'평화'와 '번영'을 기원합니다.

"광복, 연합국 승리 선물?"

김형석 독립기념관장 "광복, 연합국 승리로 얻은 선물"…
천안 시민단체 "친일파 관장 퇴출 촉구"
(대전일보, 8월 15일)

'연합국 승전기념관'에서
일할 분이

왜 '대한민국 독립기념관'에서
욕을 먹고 있는지….

윤 씨가
대통령 했던 것만큼이나

이해 안 가는 현실입니다.

'역사의 저편' 세력들

"'친일 세력'의 끝없는 반란… 내란은 계속된다"
"80년 전 이루지 못한 단죄, 오늘의 내란 불렀다"
(MBC, 8월 15일)

일제강점 시절의 '친일 세력'
냉전독재 시절의 '반공 세력'

'역사의 저편'으로
보내줘야 할 시기가

이미 지났습니다.

노태우 장남의 '상식'

오늘(8월 17일)
유신독재에 맞섰던 장준하 선생 50주기
추도식에

노태우 전 대통령 장남 노재헌 씨가
참석했고,

이 분을 〈서울의 소리〉 방송이
인터뷰 했네요.

'상식의 틀' 안에서
화합하는

대~한민국~!

안중근과 '뉴라이트'

"長歎一聲 先弔日本"
(긴 탄식 한마디로 일본을 먼저 조문한다)
- 1910년 안중근 의사

"해방은 연합국 선물"
- 2025년 뉴라이트[139]

---

139) 일제강점기에 조선이, 대한민국이 독립 운동과 저항 열심히 했다는 사실이 불편한 자들이 대한민국 내부에 있습니다. 자꾸 독립운동 의미를 축소하고, 나라를 빼앗겼다는 사실을 강조합니다.

"부정선거" 주장해야 지지?

경찰 "황교안, 무소속 열세 극복하려
부정선거부패방지대 활용… 부정선거 여론
조성도"
(MBN, 8월 20일)

"부정선거" 주장이
지지율 높이는 데 도움 되는
'범 국힘당'의 현실.

'그 세계'에 빠진 분들,
'바깥세상'으로
좀 나오기 바랍니다.

"배신 안했다면 무한한 영광?"

수감 중인 김건희
"한동훈, 배신 안했다면 무한한 영광 있었을 것" (노컷뉴스, 8월 20일)

"무한한 영광"이란 말이 좀 섬뜩합니다.

한동훈이 윤씨 탄핵 반대 → 윤 씨 탄핵 부결 → 내란 성공 → 부부 장기집권 (한동훈 2인자 혜택)….

뭐 이런 생각인가요?

현실성 없는 '자신만의 망상'에
여전히 빠져 있네요.[140]

---

[140] 김 씨는 이 발언을 하지 않았다고 부인한 걸로 알려졌습니다. 정말 '안 했기를' 바랍니다.

세금으로 집값 잡는 법

세금만으론 집값 못 잡아…
공급이 근본 해법
(중앙일보 사설, 8월 22일)

자꾸 세금으로
집값 못 잡는다 하는데….

보유세 미국 일본 수준으로
올리고,
부동산 매매 차익 100% 세금 환수 하고,

그래도 안 잡히는지 볼까요?

대통령 순방, 언론에 '미리 당부'

대통령이 8월 23~28일
일본·미국 순방에 나섰습니다.

특히 미국에서는 무역, 국방 등
중요한 문제들 논의될 것 같습니다.

언론들,
"트럼프가 대통령을 홀대했다"는 둥
엉뚱한 소리 말고,

'국익 관점'에서
중요 현안들 보도해 주길
'미리' 부탁합니다.

슬슬 불 지피는 '조선일보'

李대통령 영접, 국무부 부의전장이 한 까닭은?
(조선일보, 8월 25일)

'코리아 패싱' 좋아하는 〈조선〉이
"이 대통령 무시당했다" 주장에

슬슬 불 지피고 있네요.

그 독자들은 또
"이재명 반미친중(反美親中) 때문에
무시당했다"는 둥

엉뚱한 소리 하고 다닐 겁니다.

날도 더운데 참….

'대통령 홀대' 주장의 '단순 한심함'

나경원
"이재명, 미국에 전례 없는 '의전 홀대' 당해"
(경향신문, 8월 25일)

이틀 전에
이런 소리 하지 말라고
'미리' 부탁했었는데,
예측을 벗어나질 않네요.

〈조선〉이 불 지피고,
국힘당 의원들이 띄우고,
그 지지자들이 떠들고 돌아다니는

'단순 한심'한 구조….

'홀대' 가짜뉴스

또 등장한 '도착 홀대' 가짜뉴스[141]
(JTBC, 8월 25일)

우리 대통령이 외국에서 '홀대'받았다
믿고 싶어 하는 정치 현실.

국힘당,
친 국힘당 언론들,
국힘당 지지자들,

반성하고 고민해야 합니다.
이게 뭡니까?

---

[141] 미국 도착 때 과거 윤 씨는 더 성대하게 대접받았고, 이번에 이 대통령은 홀대받았다는 식의 '뉴스'가, '국빈 방문'과 '실무 방문'의 차이를 무시한 '가짜 뉴스'라는 지적입니다.

트럼프 "한국서 숙청 혁명"

트럼프, 정상회담 앞 SNS에
"한국서 숙청·혁명… 사업 못 한다"
(뉴시스, 8월 25일)

트럼프가 '선을 넘고' 있네요.

미국 국기 흔들고 다니는 자들 때문에
트럼프가
대담해진 것 같습니다.

한미정상회담,
만약 잘못되면 트럼프 탓 매우 클 것이라
봅니다.142)

---

142) 트럼프는 한미정상회담 앞두고 이런 글을 올려 양국 관계자들을 긴장시켰는데, 정작 이 대통령과 회담에서 "한국 정부가 교회와 미 군사기지를 단속한다고 들었다. 헛소문인 것 같다"며 얼버무렸습니다.

한미정상회담, 이재명의 전략

(트럼프 미 대통령의)
한반도 평화에 대한 기여,
'미국을 위대하게' 사업의 성과 등….

오늘(8월 26일) 새벽,

트럼프의 자부심을 세워주며
공개 정상회담 분위기를 부드럽게 이어간
이 대통령의 전략,
인상적이었습니다.

우리 기자들의 질문도
트럼프로부터 여러 긍정적 얘기들을
이끌어 냈던 것 같습니다.

남은 기간도 '파이팅'입니다.

장동혁 국힘당 대표 선출

국힘 새 대표 '반탄' 장동혁, 50.27% 득표…
"李정권 끌어내릴 것"
(연합뉴스, 8월 26일)

정청래 민주당 대표의 기준으로,

'사람'으로 보기 힘든
인물인 듯합니다.

트럼프가 조심할 것

'숙청'(purge)과 '혁명'(revolution)
언급 관련해,

트럼프가 "오해" "루머"
해명했지만,

자칫 대한민국의 '내정 간섭'으로
비칠 수 있는 행동이었습니다.

트럼프,
최강국 대통령이지만
'선을 넘지 않도록' 주의 바랍니다.[143]

Don't cross the line, Mr. President!

---

[143] 이재명 정부 정보·수사당국은 한미정상회담 앞두고 트럼프의 'purge' 'revolution' 발언 유도한 국내외 한인 '매국 세력'에 대한 철저한 추적 및 수사, 처벌 바랍니다.

이재명-트럼프-김정은 조합

트럼프는 1기 재임(2017.1.20 ~ 2021.1.20) 때
김정은과의 만남에
엄청난 자부심 갖고 있습니다.

"당시 힐러리가 대통령 됐다면
북한과 핵전쟁 했을 것"이라며,
자신의 '북미 긴장 완화'를 자랑합니다.

이번 한미정상회담에서
트럼프는 김정은과의 재회(再會)에
큰 의지 보였습니다.

이 대통령은 옆에서 돕는 역할 자처했습니다.

이재명-트럼프-김정은 조합이
남북미 관계에 가져올 변화,

기대해 봅니다.

개신교의 '비판적 사회인식'

배덕만 목사
"한미 극우 연대, 정부 차원에서 대응해야"
(CBS라디오 '박재홍의 한판승부', 8월 29일)

배 목사(기독연구원 느헤미야 원장)는
"극우 개신교가 숫자에 비해 과대대표"
돼있다며 "깨어있는 목회자들 계속 존재해야"
했답니다.

개신교,
예수님의 '비판적 사회의식'
닮기 바랍니다.

국힘당의 '전쟁 출정식'

국힘 연찬회 연 장동혁
"李정권과 전쟁 출정식, 죽기로 싸우겠다"
(동아일보, 8월 29일)

언론들,

자꾸 '협치'니 '통합'이니,
'뜬구름 잡는' 얘기 할 거요?[144]

정부여당은
'전쟁'에 나선 내란 옹호세력을
강력 진압하기 바랍니다.

---

144) 장동혁 국힘당 대표: △국회 탄핵소추 부정 △수사 기관 법집행 부정(윤 씨 체포 방해, 국힘당 '내란방패' 45인 중 1인) △헌법재판소 탄핵 결정 부정 △6.3 대통령 선거 결과 부정 △특검 수사 부정 △이재명 정부와 "전쟁" 선포. '협치' 대상인가요, '수사' 대상인가요? '협치'는 '상식의 틀' 안에서 하는 것입니다.

새 보수 창당 가능성

조갑제 "새 보수 정당 창당해야"…
홍준표 "정통 보수 새 정당 만들어야"
(프레시안, 8월 28일)

○ 내란 세력과 결별
○ 친일 뉴라이트 세력과 결별
○ 냉전 대결 이념 세력과 결별
○ 독재 추종 세력과 결별
○ 사이비 종교 세력과 결별

과연 가능할까요?

'자유총연맹'의 존재 이유

尹정부 때 삭제된 자유총연맹 '정치적 중립'
정관 부활[145]
(국제신문, 8월 31일)

1956년 '한국아시아민족반공연맹'으로 출발,
1964년 '한국반공연맹',
1989년 '한국자유총연맹'으로 개편.

'반공'은
과거 냉전 이념이고,
'자유'의 중요성 온 국민이 알고 있고….

굳이 정부 지원금까지 받으며
존재할 이유 있을까요?

---

[145] 자유총연맹은 윤 씨 정부시절인 2023년 3월 정관에서 '정치적 중립' 조항을 삭제하고 윤 씨 정부와 국힘당 편향 활동들을 해 비판받았습니다.

정부 광고비 1조 3천억 원

구글, 정부 광고 수주액 4년 새 86% 폭증…
"세금 광고 몰아줬다"
(뉴스1, 8월 19일)

지난해 언론매체에 준
정부 광고비가 총 1조 3103억 원.

구글·유튜브 전체 1위 (708억여 원),
지상파 1위 KBS (630억여 원),
종편 1위 TV조선 (122억여 원),
신문 1위 동아일보 (98억여 원).[146]

언론사까지 먹여 살리랴,
바쁜 정부.

---

[146] 2024년 한 해 윤 씨 정부가 '조선일보사'에 광고비 명목으로 '퍼준' 세금이 205억 원이 넘습니다(TV조선 122억 4100만원, 조선일보 82억 8500만원).

국힘당이 장악한 '충남도의회'

충남도의회 '독립기념관장 파면 건의안' 부결…
다수당 국힘 반대
(연합뉴스, 9월 2일)

충남도의회를

'대구경북 당'이
장악하고 있다는
사실이

더 큰 뉴스네요.

시진핑-김정은-푸틴 만남

시진핑 左김정은·右푸틴…
북중러 정상, 66년만 한자리 망루 올라
(연합뉴스, 9월 3일)

사회주의권에서
북한 위상이 생각보다 높네요.

1. '한미동맹' 아무리 강해도
북한과의 '무력 충돌'은 '불가'(不可),

2. 한반도 '대표 코리아'인 '대한민국'이 인내심 갖고 설득.

다른 방법 있나요?

윤 씨와 '하나님'과 '사이비'

윤 총장 시절부터 "하나님이 귀히 쓸 것"…
김건희 고모는 누구
(JTBC, 9월 4일)

국힘당 여러분~,

윤 씨 부부와
'하나님'을 연결시키려는
어떠한 말과 행동도

'사이비 종교'라는 것,

알고 있죠?

'한국인 구금'과 국힘당

국힘, 美 '韓기업 이민단속'에
"700조 선물 주고 뒤통수 맞아"[147]
(연합뉴스, 9월 6일)

국힘당,

미국이 한국인 300명 구금한 상황인데도,
미국에 한마디 못하고 이재명 정부 탓이오?

미국 국기 흔들고 다니는 당신들이
대체 '국익' 위해 하는 일이 뭐요?

---

[147] 미국 이민당국이 4일(현지시간) 조지아주 현대차그룹-엘지에너지솔루션의 합작 배터리 공장 건설현장을 급습해 한국인 직원 300여명 등 모두 475명을 체포 구금해, 한-미 간 갈등과 교섭이 있었습니다. 이 과정에서 한국인들이 쇠사슬 등으로 묶여 강제 이송되는 장면 등이 보도되면서, "동맹에 이럴 수 있느냐"는 등 미국에 비판 여론이 일었습니다.

미 구금 국민 석방교섭

강훈식 "美 구금 국민 석방교섭 마무리…
행정절차 거쳐 전세기 출발"
(뉴스1, 9월 7일)

국힘당이 매우 아쉬워 할
소식인 듯.

한국인 구금이 이재명 탓?

미국 정부가
현지 미국인 신고 받고 단속을 벌여
우리 국민 300명을 구금했는데,

국힘당 지지자들이
"이재명 정부가 좌빨인 탓"이라 합니다.

'제정신'들이라 보기 어렵습니다.

검찰청 폐지 확정

검찰청 폐지…
중수청 행안부·공소청 법무부 확정148)
(노컷뉴스, 9월 7일)

국민으로부터
위임받은 권력을

제 멋대로 휘두른
조직의 최후

자승자박(自繩自縛)!

---

148) 정부여당이 이날 고위당정협의회에서 검찰청 폐지 등을 담은 정부조직법 개정 방향을 확정했습니다. 정부조직법 개정안이 9월 26일 국회를 통과하고 30일 국무회의에서 의결됨에 따라 검찰청은 1년 유예기간을 거친 뒤 폐지되게 됐습니다.

네팔 시위 '남 일' 같지 않은 이유

네팔 반정부 시위가 '남의 일' 같지
않습니다.[149]

국회의사당과 정부 청사, 대통령 관저, 정치인
자택 등이 불타고,
전직 총리 부인 등 수십 명이 목숨을 잃었다
합니다.

"윤 씨 탄핵 안 됐으면…" 운운하는 국힘당,

내란 진압이 '법 절차'로 진행 중인 것
감사해하기 바랍니다.

---

[149] 네팔 정부가 9월 5일 유튜브 등 소셜 미디어 접속
을 차단하자 젊은 세대들이 반발하며 시위가 촉발됐
습니다.

노태우와 전두환 장남

주중대사 노태우 아들 노재헌 내정
(동아일보, 9월 12일)

'전두환 장남' 전재국 최대 주주 '북스리브로',
파산…채무 80억
(뉴스1, 9월 12일)

윗대의 잘못을
반성하는 자식들이 있는 반면,
이를 '정당화'하려는 자식들이 있습니다.

같은 날 대비되는 뉴스 2개가
눈길을 끕니다.[150]

---

[150] 전재국은 지난 2월 윤 씨 탄핵 반대 모임에 참석해 "피를 흘릴 각오가 우리는 과연 돼 있을까" 등의 발언으로 윤 씨 지지를 호소해, "내란 선동" 등의 비판을 받았습니다.

대미투자 3500억 달러?

美학자 "한국, 트럼프 말대로 할 바엔
수출업체 지원하는 게 낫다"
(이데일리, 9월 14일)

상호관세를 25%에서 15%로 낮추는 대신
3500억 달러(486조원) 대미 투자하는 것은
"어리석은" 일이라며,

차라리 이 돈의 일부만 수출업체들을 직접
지원해도 관세로 인한 손실을 만회할 수
있다고 했답니다.

정부, 참고 바랍니다.[151]

---

[151] 심지어 트럼프는 한국의 대미 투자금 3500억 달러를 "선불로 달라"고 요구하기도 했습니다.

이스라엘의 대량학살 범죄

유엔 조사위
"이스라엘, 가자지구서 대량학살"
(SBS, 9월 16일)

유엔은 "이 잔혹한 범죄의 책임은 이스라엘 최고위층 당국자들에게 있다"며 국제형사재판소(ICC)에 수천 건의 정보를 넘겼다고 합니다.

집단학살 책임자들이
반드시 엄중한 심판을 받게 되길 바랍니다.[152]

---

[152] 이스라엘의 가자지구 침공으로 인한 팔레스타인 사망자가 9월 말 현재 6만6천명이 넘었다고 가자지구 보건부가 밝혔습니다.

광복군 창설 85돌

오늘(9월 17일)

대한민국 임시정부의
'광복군' 창설
85돌 자축(自祝)합니다.

당시 세계 최강 수준의 '일본 제국주의' 군대에
무력으로 맞선

선조들의
'기개'(氣槪)와 '용기'(勇氣)에

존경과 찬사를 드립니다!

한중 관계의 중요성

조현 "시진핑 방한·관계 발전 희망"…
中왕이 "우호감정 높여야"
(연합뉴스, 9월 17일)

중국은 북한과 동맹이지만,
대한민국과도 우호 관계입니다.

이런 점에서 '북·중 동맹'은,
북한을 '적'으로 상정하는 '한·미 동맹'과
다릅니다.

한-중 관계 발전은
"북중러 vs. 한미일" 대결 구도 깨는 데도
노움 될 것입니다.

대법원이 해명할 것

3월 28일: 이재명 공직선거법 위반 사건 대법원에 접수

4월 22일: 소부 배당 → 조희대가 전원합의체 회부 → 당일 심리

4월 24일: 2차 심리 및 표결 (10대 2로 유죄취지 파기환송; 1차 심리 이틀 만에 결론)

5월 1일: 선고 (티비 생중계)

대법원장님,
대선 코앞에 두고, 유례없는 '초고속 판결' 왜 해야 했는지 명확한 해명 바랍니다.153)

---

153) 이와 관련, 민주당은 조희대 대법원장의 '대선 개입' 의혹을 제기하며 국회 청문회 출석 등을 통한 진상 규명 요구했지만, 조 대법원장은 이를 거부했습니다.

국힘당과 '유사 종교'

국힘당에 매년 '운영비' 명목으로 주는 국가
예산만 200억 원이 넘습니다.
어찌됐든 '공당'(公黨)입니다.

그런 국힘당이 유사 종교 교주들에 의해
'사당화'(私黨化)했다면,
충격입니다.

국힘당 내부에
유사 종교와 '거래'한 인물들이 누구인지,
얼마나 있는지,
철저한 수사로 밝혀지기 바랍니다.[154]

---

154) 홍준표 전 대구시장 글(9월 19일): "통일교 11만, 신천지 10만, 전광훈 세력 등을 합치면 그 당은 유사 종교집단 교주들에게 지배당한 정당… 실제로 당내 선거에서 투표하는 책임당원은 60만 명 내외인데, 이들만 하더라도 당내 유권자의 1/3이 넘고 교주 지령에 따라 이들의 투표율은 거의 100%에 가깝다… 유사종교집단 교주의 지령에 따라 지도부와 대선 후보가 결정되는 꼭두각시 정당이라는 거다. 자유민주주의 정당이 아니라는 거다."

'대왕고래' 1200억 원 낭비

대왕고래 결국 '경제성 없음' 결론…
"예산 1200억 낭비"
(JTBC, 9월 18일)

1200억이라….

애초 경제성 없는 이 사업을
윤 씨와 국힘당이
'정권 홍보' 목적으로 이용하기 위해
시작했던 건

설마 아니겠죠?[155]

---

155) 윤 씨는 2024년 6월 "포항 영일만 앞바다에서 막대한 양의 석유와 가스가 매장돼 있을 가능성이 높다는 물리 탐사 결과가 나왔다"면서 삼성전자 시가총액 5배의 석유와 가스 매장 가능성을 제시하며 '대왕고래' 사업을 시작했습니다.

통일교 총재 구속

한학자 총재 구속…
'통일교 정교유착' 의혹 수사 탄력
(JTBC, 9월 23일)

대한민국은
종교적 믿음이나 망상(妄想)이 아니라,

합리적 '이성'(理性)과 '상식'(常識)이
지배하는 나라여야 합니다.

(유사)종교와 '거래'한
국힘당 인물들 철저 수사 바랍니다.

북한 '비핵화' 문제

북한은 미국과 '수교'를 원합니다.
미국은 "'비핵화'부터 하라"며
거부하고 있습니다.

이러니 김정은은 미국과의 '대결' 준비할
수밖에 없습니다.

현실적으로, 북한이 '핵 포기' 어렵다는 점에서,
'비핵화' 앞세우는 것은
북한과 '대화' 않겠다는 태도입니다.

안타깝지만,
'비핵화'는 나중에 풀 수밖에 없는
문제입니다.[156]

---

[156] 이재명 대통령은 9월 23일(현지시간) 유엔총회 연설에서, '교류'(Exchange), '관계정상화'(Normalization), '비핵화'(Denuclearization)의 'END 구상'을 제시하며 한반도 적대와 대결 종식(END)을 주장했습니다.

윤 씨 정부 '가짜뉴스' 사랑

계엄 이후 스카이데일리에 실린 정부광고 총 89개
"중국 간첩 99명 체포" 보도 이후 67개 광고 집행[157]
(JTBC, 9월 24일)

국익 해치는 '가짜 뉴스' 매체에
'억대 정부 광고'라….

윤 씨 정부와 국힘당,
그리고 지지자들,

좀 심한 것 아니오?

---

[157] 이 매체는 올 1월 16일 윤 씨 비상계엄의 정당성 주장을 위해 "선거연수원에서 중국 간첩 99명을 체포해 주일 미군 기지로 압송했다"는 가짜 뉴스를 게재했으며, 결국 9월 22일 인터넷신문협회에 의해 '제명' 조치됐습니다.

대통령 지지율의 '허상'

추미애, 조희대 때리자…
李지지율 55%, 최저치 찍었다
(중앙일보, 9월 26일)

내란 국면에서
국민 41%가 국힘당 후보 찍었습니다.

이 대통령 지지율 40~50%대가 '정상'입니다.

지지율 인용해
'소설 쓰기' '갈라치기' 하는 언론 행태
바뀌어야 합니다.

'햇볕정책' 외 대안?

한반도 갈등 원인은 남침, 테러하고 핵 만든
김씨 왕조
(조선일보 사설, 9월 27일)

북한을 원망 비난만 하고 있으면
'과거 세력',

"전쟁 한 번 더 해서 쳐 없애자" 주장하면
'돌아이 세력',

"북한을 어찌 해야 한민족 평화와 번영"
고민할 때.

'햇볕정책'으로
협력, 연합, 통일 모색 외에
다른 방법 있소?

민주당 정부에선 집값 오른다?

"서울 집값 띄우기 의혹 425건 조사"…
주가조작처럼 파헤쳐야
(동아일보 사설, 9월 29일)

'최고가'로 계약 신고 뒤 취소하는 방법의
'집값 띄우기' 행위가
서울 강남 등에서 있다 합니다.

"민주당계 정부만 들어서면 집값 오른다"는
얘기가

이재명 정부에선
사라지길 바랍니다.[158]

---

[158] 문재인 정부 부동산 정책은 결과적으로 국힘당 지지층인 강남 졸부들에게 더 많은 '부'(富)를 줬습니다. 현 민주당과 정부는 '집값 문제'에 책임감 갖기 바랍니다.

'대안 세력'이 없다

벌써 9월도
마지막 날입니다.

대법원장 청문회 불출석,
특검 파견 검사들 반발 등
여기저기 저항이 눈에 띄네요.[159]

현 상황에서 '저항 세력' 있지만,
'대안 세력'은 없어 보입니다.

내일부터 10월,
정부여당 더욱 힘내기 바랍니다.

---

159) 조희대 대법원장은 이재명 공직선거법 위반 사건 파기환송심 관련 국회의 청문회 출석 요구에 불응했습니다. 또 일부 특검 파견 검사들이 '검찰청 폐지'에 반발해 원래 부서로 '복귀'를 요구했습니다.

대법원 '민낯'

"지귀연 룸살롱 20여회 접대, 대법원
은폐"…與 제보 공개
(노컷뉴스, 9월 30일)

대법원의 부실 감사, 실망입니다.

엄중한 시국에 대놓고
'제 식구 감싸기' 한 건가요?
그러면서 맨날 "사법부 독립" 운운합니까?

대법원이 이 지경이니,
사법부 어떻게 믿습니까?[160]

---

160) 윤 씨 내란 사건 재판부인 지귀연 부장판사의 룸살롱 접대 의혹이 지난 5월 제기됐는데, 대법원 감사위원회는 4개월 만인 9월 26일 "현재 확인된 사실관계만으로는 징계 사유에 해당한다고 판단하기 어렵다"는 취지의 결론을 내렸습니다. 그러나 대법원의 결론에 비해, 민주당이 공개한 제보는 매우 구체적입니다.

10월, 11월

'자주 국방'의 의미

50년 전 박정희 대통령은
'자주 국방' 강조하며
중화학공업을 육성했습니다.

오늘(10월 1일) 국군의 날 행사에서
이 대통령도 '자주 국방' 강조합니다.

우리 안의 '외세 의존' 인식이
사라지지 않는 한,
50년 뒤 대통령도
'자주 국방' 외치고 있을 겁니다.

'자주 국방'은
'보수' '진보'의 문제 아닙니다.

고맙습니다, 단결!

내란 때 시민들에 "죄송합니다"
고개 숙인 특전사 군인 국군의 날 표창
(한겨레, 10월 2일)

한가위 연휴 앞두고
훈훈한 소식입니다.

대한민국에 이런 군인들이 있는 한
내란이든 쿠데타든
결코 성공하지 못할 것입니다.

고맙습니다. 단결!

단기 4358년 개천절에

사람 같지 않은 사람들
적지 않은 세상,

깜깜한 동굴 속에서 쑥과 마늘로 견디며
사람이 되신,

단군 할아버지의 어머니
'웅녀'(熊女) 할머님을 생각해 봅니다.

오늘 '하늘 열린 날'입니다.
(단기 4358년, 서기 2025년)

민주화 '열매'만 따먹는 사람들

중국 혐오 발언 "자유롭게!"…
시위대 날개 달아준 법원
(JTBC, 10월 3일)

대한민국 민주화를 방해하던
세력들이

그 민주화 결실인 '자유'를
맘껏 누리며

이제는 대한민국 발전을
방해하고 있는 현실.

중국과 미국의 차이

중국-북한 (동맹)
중국-대한민국 (우호)

미국-북한 (적대)
미국-대한민국 (동맹)

미국의 남북한 관계는 극단적입니다.
'한미동맹'이 주도하는
한반도와 동북아는
군사적 대결을 전제합니다.

남북한 모두와 우호 관계인
중국을
잘 활용해야 합니다.

한가위에 궁금한 것

한가위 빗소리를
듣고 있자니,

갑자기

내년 한가위에는
국힘당이 있을까 없을까,
궁금해지네요.

남은 연휴
행복하게 보내시기 바랍니다.[161]

---

[161] 올 추석 연휴는 개천절, 한글날까지 이어지며 최장 10일의 '황금연휴'가 됐습니다.

다채로운 우리말

나는 한국인입니다. → I am a Korean.
나는 한국인이오. → I am a Korean.
나는 한국인이야. → I am a Korean.
나는 한국인이올시다. → I am a Korean.

우리말 표현,
참으로 다채롭습니다.

오늘 579돌 한글날입니다.

북한이 잊지 말아야 할 것

北, 화려한 우중 열병식…
南향해 "가장 적대적인 국가"
(연합뉴스, 10월 11일)

북한,

대한민국은 한민족 동포라는 사실,
동포끼리 '전쟁'은
다시는 없어야 한다는 사실

잊지 말기 바랍니다.

CCTV의 진실

CCTV가 증언한 그날 밤 진실…
모두 여태 국민 속인 게 더 충격[162]
(동아일보 사설, 10월 15일)

"마음만 있었다면 그날의 진실을 국민 앞에 털어놓을 기회는 얼마든지 있었다. 그러나 단 한 명도 그렇게 하지 않았다. 자신의 책임을 축소하고 은폐하는 데만 급급했다. 이런 인물들이 우리나라 최고정책심의기구인 '국무회의' 의석을 채우고 있었다니 기가 막힐 따름이다."

---

[162] 10월 13일 서울중앙지법에서 열린 한덕수 전 총리 재판에서 12.3 계엄 때의 대통령실 CCTV 영상이 공개됐습니다. 여기에는 한 전 총리를 비롯한 주요 국무위원들의 그간 증언들이 거짓이었음을 보여주는 행동들이 담겨 있어 국민에 배신감을 줬습니다.

대구시장 후보 지지율

대구시민이 뽑은 대구시장 출마 지지도…
이진숙 '깜짝' 오차범위 내 선두그룹
(서울신문, 10월 15일)

대구,
당신들 시장은 상관없는데

국회의원, 대통령을
이런 식으로 뽑으면
안 됩니다.

아시겠죠?

법조인에게 중요한 것

'박성재 영장 기각' 받아든 특검…
"구속영장 기각 납득 어려워, 재청구 방침"[163]
(KBS, 10월 15일)

법조인에게 중요한 것은
알량한 '법 지식'이나 '법 논리' 아니라,
'정의감'입니다.

내란 사태에 분노하지 않는 판사는
판사 자격 없다 봅니다.

법원의 각성(覺醒) 촉구합니다.

---

[163] 12.3 내란 가담 혐의를 받고 있는 박성재 전 법무부 장관에 대한 구속영장이 법원에서 "위법 여부 다툴 여지 있고, 도주와 증거인멸 우려에 대한 소명 부족" 이유로 기각됐습니다. 이후 특검은 보강 수사를 해 11월 11일 2차 구속영장을 청구했으나 법원은 이틀 뒤인 13일 이를 또 기각했습니다.

이혼소송과 비자금

최-노 소송… "지원 사실이라 해도 불법
비자금은 보호 못 받아"[164]
(동아일보 사설, 10월 17일)

"노태우 대통령이 1991년 최종현 SK 회장에게
300억 원을 지원했다"는 노소영 씨 주장에
대해,

대법원은 "그렇다 해도, 불법 비자금은
재산형성 기여 인정 안 된다" 취지로
판결했답니다.

300억 원이 어떤 자금인지
철저한 추적, 몰수 바랍니다.

---

[164] 최태원 SK 회장과 노소영 씨의 이혼 소송에서 대법원은 16일 "최 회장이 1조 3800여억 원의 재산 분할금을 지급하라"는 항소심 판결이 노 씨의 재산 형성 기여분을 지나치게 많이 산정했다며 이를 파기환송했습니다.

쿠팡과 검찰

"사회적 약자인 근로자들이 200만 원 정도 되는 퇴직금이라도 좀 신속하게 받게 했으면 좋겠습니다…."

문지석 부장검사는 지난 1월 부천지청에서
'쿠팡의 일용직 노동자 퇴직금 미지급 사건' 담당했는데,
당시 부천지청장 등의 압력으로 사건이 결국 무혐의 처분됐다고
10월 15일 국회 국정감사장에서 눈물 흘리며 증언했습니다.

200만원 퇴직금 떼어 먹으려 한 쿠팡이 놀랍고,
이를 무혐의 처분한 검찰이 놀랍고,
문 검사 같은 검사도 있다는 사실이 놀랍습니다.

국힘당의 윤 씨 면회

윤석열 면회한 장동혁 "뭉쳐 싸우자"…
민주 "정당 해산 시간 다가와"
(KBS, 10월 19일)

'정상적' 방법으로 할 능력은
안 되고,
윤 씨 지지자들이나 사이비 종교, 망상 등에
의지할 수밖에….

민주당은
'국힘당 해산' 면밀히 준비 바랍니다.

언론의 부자 세금 걱정

"50억 집 재산세 5000만원" 인식으론 집값 안정 어렵다
(중앙일보 사설, 10월 21일)

얼마 전 15억 자산가의 '생활비 부족' 걱정해 주던 〈중앙〉,

지금
부자들 세금 걱정 아니라
집값 걱정하고 있는 것 맞죠?[165]

---

165) "집 사두면 오른다" 인식 있는 한, "비싼 집일수록 더 잘 오른다" 인식 있는 한, 집값 잡기 어렵습니다. 고가 주택에 대한 보유세 인상, 매매차익 세금 환수 등 실효성 있는 '보유 억제책' 필요하다 봅니다.

부동산에 볼모잡힌 '삶의 질'

서울 집을 팔고
지방의 넓고 좋은 집으로 가고 싶은 사람들
많습니다.
그러나 '벼락 거지' 우려 때문에 쉽게 실천
못합니다.

강남 졸부 투기꾼들이 왜곡해 놓은 '부동산
시장'에서
국민들 '삶의 질'이 희생되고 있습니다.

벌써부터 일부 언론이 부동산 대책 트집 잡기
조짐 보입니다.
투기 세력과의 싸움, 이제는 이겨야 할
때입니다.

"이례적 재판은 선별적 정의"

현직 판사 "이례적 재판은 선별적 정의"
대법원장 입장 표명 요구
(MBC, 10월 21일)

이재명 사건
항소심 선고 이틀 만에 대법원에 기록 송부도
"역사상 없던 일"이라 합니다.

유독 한 사건에서 '이례적' 진행 반복됐다면
'특정 의도' 의심하는 것이 합리적입니다.

대법원은 "사법권 독립" 타령 그만하고,
'이실직고'(以實直告) 바랍니다.[166]

---

[166] 10월 15일과 20~21일 국회 법제사법위원회의 법원 국정감사에서 대법원의 이재명 사건 초고속 파기환송, 지귀연 판사의 윤 씨 구속취소 등 '이례적 결정'에 대한 질타가 쏟아졌습니다. '사법부 독립'을 사법부 스스로 흔들었다는 의심 받는 상황입니다.

여야 대표의 '악수'

정청래 "아이고 여기서 뵙는다"
장동혁 "같이 법사위 '간사'하시죠"…손잡은 여야 대표
(국민일보, 10월 23일)

정청래 대표가
오늘 순복음교회 계열 신문인 〈국민일보〉
행사에 참가해
국힘당 대표와 반갑게 인사했다 합니다.

음…
이제부턴 국민들도 국힘당 반갑게 대하면 되는 거죠?167)

---

167) 그간 정청래는 국힘당을 겨냥해 "악수는 사람하고만 하는 것"이라 말해 주목받았습니다.

언론의 '부동산 선동'

與국토위 간사 "10.15 대책, 15억 이하 서민 아파트는 안 건드려"
(프레시안, 10월 23일)

똑같은 사안에 대해
〈중앙일보〉는
다음과 같이 제목을 뽑았습니다.

"15억 정도는 서민아파트" 또 국민 염장 지른 민주당 (중앙, 10월 23일)

국힘당의 부동산 대책 비판

민주당 "장동혁, 아파트만 4채 보유… 부동산 싹쓸이 위원장"
(한겨레, 10월 24일)

이런 자가
정부 부동산 대책 비판합니다.

국힘당스럽습니다.[168]

---

[168] 장동혁 국힘당 대표는 25일 "서울 구로구, 충남 보령 등에 주택 6채를 보유 중인데 모두 실 거주용"이며 "다 합쳐도 가격이 8억 5천만 원 정도"라 해명했습니다.

'우파'적 인식

이 대통령
"한국인 건들면 패가망신한단 걸 보여줘야"
(SBS, 10월 24일)

전형적인 '우파'적 인식입니다.

외국 국기 흔들면서
"이재명은 좌파" 외치고 다니는 분들,
참고 바랍니다.

무역협상, 급한 쪽은 미국

美 "韓이 적절한 조건 수용하면 가능한 한
빨리 무역협상 타결"
(동아일보, 10월 25일)

미국의 '생활 물가'가 "장난이 아니"라 합니다.

우리나라를 비롯해 세계 각 국과
'상호관세' 올리면
미국 물가는 더 오를 것이고,
트럼프 정부는 버티지 못할 것입니다.

지금 급한 것은 미국입니다.

시내 곳곳 '아무 말' 현수막들

시내 곳곳에
"검찰개혁은 북한의 지령이다" 등
무개념 아무말 현수막들을 내건
'내일로미래로'라는 집단이

신천지, 오세훈 서울시장과 연관돼 있다
합니다.
(박주민TV, 10월 27일)

밥들은 먹고 다니죠?

한미 관세협상 타결

韓美관세협상 타결…
'年상한액 200억 달러-韓기업 우선'
(동아일보, 10월 29일)

현 상황에서
최선의 결과 아닌가 싶습니다.

한-미 양국이 모두 '윈윈'하는 계기가 되길
바랍니다.[169]

---

[169] 10월 29일 경주 아시아태평양경제협력체(APEC) 회의 기간에 열린 이재명-트럼프의 한미정상회담을 통해 한미 관세협상이 타결됐습니다. 자동차 등 상호관세를 25%에서 15%로 낮추는 대신, 한국은 미국에 10년간 2000억 달러를 현금 투자하되 외환시장 충격 최소화 위해 연간 투자 한도를 200억 달러로 제한하며 투자 수익은 한미가 공동으로 나눠 갖는다는 내용입니다. 애초 3500억 달러를 현금으로 달라던 트럼프 요구에서 많이 개선된 조건입니다.

안보·국방도 민주당

트럼프 "韓 핵추진잠수함 건조 승인…
美 필리조선소에서 건조"[170]
(연합뉴스, 10월 30일)

안보·국방도
민주당계 정부들이

다 하고 있습니다.

---

[170] 이재명-트럼프의 한미정상회담에서, 이 대통령이 트럼프에 "재래식 잠수함의 한계 극복 위해 핵추진 잠수함 운용이 필요하다" 요구했고, 다음날 트럼프가 이를 승인했다는 소식입니다.

'탈원전'이 '망령?'

이제 원자력 잠수함 시대,
탈원전 미신·망령도 종지부를
(조선일보 사설, 10월 31일)

'원전'의 가공할 위력에 대한 우려와 불안이
있습니다.

'탈원전'은
현실적으로 어렵더라도,
인류가 지향할 목표일 수 있습니다.

이를 "미신·망령"이라 생각하는
〈조선〉의
'단순무지'(單純無知)도 놀랍습니다.

'안미경중?'

'안미경중'(안보는 미국, 경제는 중국)이라는 말이 있는데,

경제 면에서, 중국은 대한민국의 최대 교역국입니다.
안보 면에서도, 중국은 남북한 모두와 '우호 관계'입니다.

북한과 '적대 관계'여서 영향력이 전혀 없는 미국보다,
중국의 대북 역할이 중요합니다.

오늘(11월 1일) 한-중 정상회담 성공 바랍니다.

북 "비핵화는 개꿈"

북 "비핵화, 불가능한 개꿈"…
한중 정상회담 의제 반발
(뉴시스, 11월 1일)

중국으로서도 이런 북한보다는
대한민국과 가깝게 지내는 것이
여러모로
훨씬 이로울 것입니다.

한-중 관계가
더욱 발전하길 바랍니다.

경주 APEC 회의 폐막

경주 '아시아태평양경제협력체'(APEC) 회의가
11월 1일 막을 내렸습니다.

10월 29일 한미정상회담,
10월 30일 한일정상회담,
11월 1일 한중정상회담 등

여러 일정
성공적으로 수행하신
대통령님과 관계자 여러분,

'노고'(勞苦) 많으셨습니다!

국힘당 또 '보이콧'

이 대통령 시정연설 국힘 '보이콧'…
"추경호 영장은 야당탄압"[171]
(JTBC, 11월 5일)

내란 특검에 뺨 맞고
이 대통령에 눈 흘기는 국힘당,
역시 엉뚱한 언행(言行) 전문 정당.

시정연설 보이콧 하든 말든 관심 없고,

오늘 규탄대회인가 한다고 하는데
해산 채비도
틈틈이 해두기 바랍니다.

---

[171] 내란 특검이 3일 국회 계엄해제 요구 결의안 표결을 방해했다는 의혹을 받는 추경호 의원에 대해 내란 중요임무 종사 혐의로 구속영장을 청구했습니다. 국힘당은 이를 "야당탄압"이라 반발하며 5일 대통령 국회 시정연설에 불참했습니다.

국유재산 '헐값 매각'

국유재산 '헐값 매각' 급제동,
누가 사고팔았는지 밝히라
(경향신문 사설, 11월 5일)

윤 씨 정부시절 부자 감세 등으로 거덜 난
재정을 메우기 위해
국유재산들을 헐값에 팔아 치웠는데,

서울 강남의 한 건물·토지를
감정평가액(183억5000만원)의 65.4% 수준인
120억 원에 파는 등 말 그대로 '헐값
매각'이었다 합니다.

철저한 경위 조사 바랍니다.

'종교'와 '사이비' 차이

국힘당과 '사이비 종교' 관계
지적했더니,
"종교의 자유 있어서 믿는데, 왜 마음대로
사이비라 규정하느냐"고 따집니다.

○ 종교: 사랑, 자비, 평화 등 인류의 '보편적 가치' 추구
○ 사이비: 편견, 독단, 맹목성 등 '집단만의 특수 가치' 추구

국힘당 여러분,
둘 차이 아시겠죠?[172]

---

[172] 인류의 '보편적 가치'를 추구하느냐, 특정 집단의 이익을 위한 '특수 가치'를 추구하느냐 문제는 종교단체는 물론이고, 정당·법인 등 정치·사회단체들을 평가하는 기준이 될 수 있습니다. 한 집단의 추구 가치가 인류 '보편적 가치'와 가까울수록 그 집단의 '공익성'도 크다고 볼 수 있을 것입니다.

'65세 정년'보다 급한 것

65세까지 일한다?…
양대 노총 '정년 연장' 요구하는 이유
(KBS, 11월 6일)

노동계가 정년 연장 이유로 '노년층 빈곤' 문제를 들고 있네요.
정년 연장 혜택 볼 정도면 '기득권 노동계층'입니다.

'조직' 밖에 있는,
'정년 연장'은 꿈도 못 꾸는
'소외된 노동자'들에게

사회·경제적 자원이 먼저 나눠지길 바랍니다.173)

---

173) 정년 연장 추진하려면 '타당한 이유'가 있어야 합니다. 노동계는 '노년층 빈곤' 문제를 들고 있는데, 60살 정년 채운 노동자들이 '노년 빈곤' 걱정할 계층입니까? 이 분들 65살까지 연장해줘야 '노년 빈곤'

내란 재판부의 '웃음 재판'

지귀연의 '농담 재판',
민주주의에 대한 배신이다
(오마이뉴스, 11월 7일)

내란 사건 재판부의
'농담 재판', '웃음 재판'이 화제네요.

재판은 좋은 분위기로 하고
판결은 최고형 "때리는"

'허허실실'(虛虛實實) 전략일 것이라 믿어
봅니다.

해결되나요? 우리 노동시장이 지금 60 ~ 65살 '소득 공백' 걱정할 정도로 한가합니까?

'문화계 블랙리스트' 사과

국정원 "'문화계 블랙리스트' 피해자·국민께
사과… 상고 포기"
(연합뉴스, 11월 7일)

이명박 정부 '문화계 블랙리스트'의
국가 배상책임 판결에 대해
국정원이 상고 포기하고 사과했다고 합니다.

사람들을 제멋대로
'좌파', '빨갱이' 낙인찍은 뒤,

도청·미행하고 출연 방해하는 등
비열한 행위 하는 세력들, 또 이를 지지하는
자들,

반성해야 합니다.

이러면서 "자유" 외치고 다니고….

윤 씨 '이적죄' 적용

내란 특검, 尹 일반이적·직권남용 기소…
"남북 충돌 위험 증대"
(뉴스1, 11월 10일)

지난해 '무인기 평양 작전' 등을
'이적 행위'로 판단한 특검이
윤 씨와 김용현·여인형 등을 재판에
넘겼습니다.

특검보는 "증거를 통해 설마가 사실로
확인되는 과정은… 실망을 넘어 참담함을
느끼게 했다" 합니다.

국힘당이 가장 무능한 분야 중 하나가
안보·국방입니다.

대장동 수천억 원 미환수?

정성호 "대장동 2000억 몰수보전"?…
1심 추징 473억뿐, 나머지 환수 못해174)
(동아일보, 11월 10일)

만의 하나, 수천억 원의 '범죄 수익'이 있는데
환수 못했다면
그 만한 '부정의'(不正義)도 없을 것입니다.

추징 안 된 금액이 있다면 얼마인지, 어떻게
환수할 것인지 등을 법무부가 명확히 밝혀,
국민 오해 없도록 하기 바랍니다.

---

174) 서울중앙지법 형사22부는 10월 31일 '성남시 대장동 개발 비리' 관련자 5명에 대해 징역 4~8년의 중형을 선고하고, 473억 원을 추징했습니다. 당시 성남시장이었던 이재명의 연관 여부에 대해 재판부는 "이재명은 몰랐다"고 판단했습니다. 이 판결에 대해 검찰이 항소를 포기하고, 피고인들만 항소를 함으로써 2심 재판부는 1심 판결보다 더 높은 형량과 추징금을 선고할 수 없게 됐습니다. 검찰의 항소 포기 관련, 검찰 내부의 반발이 있고 국힘당은 "수천억 원의 부당이익을 추징 못했다" 주장하고 있습니다.

한덕수와 이몽룡

1인당 49만원…
한덕수, 국무위원 만찬 세 번에 1550만원
'흥청망청'
(한겨레, 11월 12일)

金樽美酒 千人血 (금준미주 천인혈)
금 술통 좋은 술은 백성들의 피요

玉盤佳肴 萬姓膏 (옥반가효 만성고)
옥쟁반 좋은 안주는 백성들의 기름이라

燭淚落時 民淚落 (촉루락시 민루락)
촛농 떨어질 때 백성 눈물도 떨어지고

歌聲高處 怨聲高 (가성고처 원성고)
노랫소리 높은 곳 원성도 높더라.

- 암행어사 이몽룡[175]

계엄 다음날 '당·정·대 회의'

특검, 박성재 '당정대 회의' 업무수첩 확보…
"계엄 불가피" 말 맞춘 정황
(한국일보, 11월 13일)

박성재 전 법무장관 수첩 내용 요약

○ 계엄 다음날 한덕수 총리 공관에서 국힘당·정부·대통령실 회의
○ 참석자: 한동훈 추경호 나경원 김기현 등(국힘당), 한덕수 박성재 등(정부), 정진석 신원식 등(대통령실)
○ 회의 내용: 계엄 정당성 이론구성 및 설명, 윤 씨 중도 임기중단 불가(사퇴·탄핵·특검수사 방어)

---

175) 『춘향전』에서 암행어사 이몽룡이 어사출두 직전에 변학도 생일잔치에서 남긴 한시(漢詩)입니다.

한동훈도 "빨갱이?"

"한동훈은 빨갱이야"…
윤석열, 계엄 5달 전부터 '군대 동원' 거론했다
(한겨레, 11월 13일)

지난해 7월 윤 씨가
김용현 당시 경호처장, 강호필 당시 합참
차장과 만나

"한동훈은 빨갱이다" 말하고, 민주당을
비난하면서
강 차장에게 "군이 참여해야 하는 것
아니냐"는 취지로 말했다 합니다.

음, 한동훈도 "빨갱이"라….[176]

---

176) 좌파고 우파고, 보수고 진보고, 극우고 극좌고 간에, '제 정신이 아닌' 사람은 걸러야 합니다. 윤 씨 대통령까지 만든 사람들 반성해야 합니다.

'내란죄' 잊은 판사들?

요즘 '판사님'들이
'내란죄' 중대성을 망각하고 있는 듯하여
되짚어 봅니다.177)

○ 내란죄:
"국토를 참절하거나 국헌을 문란케 할
목적으로 폭동을 일으킨 죄"(형법 제87조)
○ 국헌 문란:
"… 헌법에 의해 설치된 국가기관을 강압에
의해 전복 또는 그 기능행사를 불가능하게
하는 것"(형법 제91조 1·2항)
○ 폭동:
집단적 폭력 행위로 사회의 안녕과 질서를
문란하게 하는 일.178)

---

177) 11월 13~14일 박성재·황교안 등 내란 관련 피의자들에 대한 특검의 영장 청구를 법원이 잇달아 기각했습니다.
178) 윤 씨 일당이 "(1)국회 기능 불가능"하게 하려 위헌·위법한 방법으로 군·경을 동원해 "(2)집단적 폭력 행위"한 것 → '내란죄'는 확실해 보이는데, 무장 군

대장동 범죄수익 의혹

남욱, '추징금 0원' 판결 나오자
檢에 "동결자산 안 풀면 국가배상 청구"
(아시아경제, 11월 15일)

정부여당,

일부 검사들 반발은
강력 진압하되,

수천억 원 '범죄 수익' 의혹에 대해서는
명확한 해명과
대응책 제시 바랍니다.[179]

인들이 동원됐으므로 군형법5조 (군사) '반란'에 해당한다는 의견도 있습니다.

179) 대장동 개발비리 의혹 사건 1심 판결에 대해 검찰이 항소를 포기하자, 대장동 주범들이 확정된 추징금 이외 재산에 대한 동결을 풀어 달라고 요구하고 있습니다. 1심 판결에서 확정된 추징금은 473억 원이지만, 범죄 수익이 수천억 원에 이를 것이라는 주장이 있습니다.

중국의 한국 편들기

'일본 공격' 중국,
독도 간접 거론하며 한국 편들기…"일본 악성 언행"[180]
(SBS, 11월 17일)

중국,

고맙습니다.
謝謝.

대한민국에 더 다가올수록,
양국 국익에 큰 도움 될 것입니다.

---

[180] 디가이지 일본 총리가 지난 7일 의회에서 중국의 대만 침공 가능성 관련 질문에 "(중국의) 무력 공격이 일어나면, (일본의) '존립위기 사태'에 해당할 수 있다"고 말했습니다. 이는 대만 유사시 일본 자위대 개입 가능성을 시사하는 발언이어서, 중국 정부가 일본 관광 자제령을 내리는 등 강력 반발하고 있는 상황입니다.

"한국이 대중·대러 전초기지?"

한국이 대중·대러 전초기지 되라는
주한미군사령관
(한겨레 사설, 11월 18일)

미국의 한계,
'한미동맹'의 한계입니다.

대한민국 외교·안보가 '한미동맹' 논리에
끌려가면 안 되는 이유
보여 줍니다.

(그나저나, 국방부는 미군사령관 '군기'도 좀
잡기 바랍니다.)

정부, 론스타 소송 승리

정부, 론스타에 4천억 원 안 준다…
ISDS 판정 취소소송 승소
(연합뉴스, 11월 18일)

우리 정부가 투기자본 '론스타'와의 13년 소송전에서 최종 승리했으며,
이로써 2003년 '론스타'가 외환은행을 헐값 매수하면서 시작된
20년 넘은 '악연'도 끝났다 합니다.

역시 대한민국 관료·공무원 능력
세계 최고 수준입니다.[181]

관계자 여러분, 수고 많으셨습니다!

---

[181] 실제 1960년대 이후 경제성장과 산업화를 비롯해, 다양한 분야의 국가·사회 기반 건설에 관료들의 미래를 보는 예측과 계획, 실행이 큰 기여 했다고 볼 수 있습니다.

내란 변호사들의 '뻔뻔함'

이진관 판사, '법정 소란' 김용현 변호인에
"감치·구금 명령"
(프레시안, 11월 19일)

윤 씨 일당의 죄가 내란 만이 아닙니다.
우리 사회에 '뻔뻔함'을 퍼트린 것도
큰 죄입니다.

내란 변호하는 주제에
무슨 독립운동 하는 양 행동하는
윤 씨 일당 변호사들,

부끄러운 줄 알기 바랍니다.[182]

---

[182] 한덕수 내란 사건을 맡은 서울중앙지법 이진관 재판부에 19일 증인 출석한 김용현의 변호사들이 법정 소란으로 감치 명령을 받았다가 풀려났는데, 그 직후 한 인터넷 채널에 출연해 이 부장판사에 대해 막말과 욕설을 해 물의를 빚었습니다.

사법부, 장난합니까?

공수처, 지귀연 '룸살롱 의혹' 첫 압수수색…
택시앱 기록 확보
(연합뉴스, 11월 20일)

사법부,

이게 뭡니까?
내란 1년이 되도록 재판 끌고 있고,
판사는 압수수색 당하고 있고,
내란 변호사들은 판사에 막말·욕설하고 있고….

국민과 나라를 위험에 빠뜨린
윤 씨 내란 사건이 장난입니까?

내란전담재판부, 사법부가 자초

사법부가 자초한 '내란전담재판부',
면밀히 추진하길
(한겨레 사설, 11월 25일)

사법부가 '독립'을 외치는 만큼 스스로 엄중한
처벌 해주길 바랐는데,
안타깝습니다.

내란 이후 1년 동안 사법부는 국민 기대에
부응 못한 채 능력과 의지 부족을
드러냈습니다.

재판 지연 우려 탓에 2심부터 전담재판부
설치가 유력하다 합니다.

응원합니다.

한덕수 징역 15년 구형

오늘(11월 26일)
한덕수 전 총리에 징역 15년 구형
됐습니다.[183]

내란 중요임무 종사했지만,
병력 파견 등 적극 실행 행위는 하지 않은 점
참작된 것 같습니다.

이를 토대로 구형량 예상해 봅니다.
○ 윤 씨: 사형
○ 김용현: 무기징역
○ 이상민, 군·경 지휘관: 징역 15~25년

---

[183] 내란 특검은 이날 내란 우두머리 방조, 내란 중요임무 종사 등 혐의를 받는 한 전 총리의 결심 공판에서 "12·3 비상계엄은 과거 45년 전 (전두환 일당의) 내란보다 더 막대하게 국격을 손상시켰고, 국민에게 커다란 상실감을 줬다"고 지적했습니다.

나가며

대통령 파면, 새 대통령 선거, 새 정부 출범….
숨 가쁘게 달려온 2025년 한 해, 계엄 사태로
무너졌던 우리 사회의 '상식 기반'도 느리지만
회복 중입니다.

그러나 아직 아무도 처벌받지 않았습니다.
며칠 전 한덕수 전 총리에 대한 징역 15년
구형에 이어, 내란 관련자들에 대한 특검의
구형과 재판부의 선고가 잇따를 것입니다.

이재명 정부는 내란을 강력 진압하라는 국민의
열망을 얻고 탄생했습니다. 국힘당 세력은
반성은커녕, 정부에 '전쟁'을 선포하고 저항
중입니다.

2026년, 정치·사회 현안들을 둘러싼 '담론

전쟁'도 계속될 것입니다. 궤변과 억지 주장으로 호시탐탐 '기회'를 노리는 세력과, 상식적 판단으로 이를 제압하려는 세력이 맞부딪칠 것입니다.

비상식 세력은
식민 지배를 미화하고(친일 매국), 과거 이념에 집착하며(반공 냉전), 혐오·독단·아집의 유사 종교를 퍼트리고, 내란을 옹호(국헌 문란)합니다.

상식 세력은
부당한 지배에 맞선 독립운동을 선양하고, 탈이념 실용주의로 국익을 추구하며, 종교의 사랑·자비·평화를 설파하고, 내란을 진압합니다.

〈김박사 잡담연구소〉는 2026년에도 상식의 편에 서서, 우리 사회의 상식 기반 확대를 위해 노력하겠습니다. 1년 뒤 『대한민국 담론 전쟁』 2026년 편에서 다시 뵙겠습니다.